HISTOIRE

DE LA

RÉVOLUTION FRANÇAISE

A LA MÊME LIBRAIRIE

HISTOIRE

DE LA

RÉVOLUTION FRANÇAISE

RACONTÉE A LA JEUNESSE

PAR

ANTONIN ROCHE

Directeur de l'*Educational Institute* de Londres
Chevalier de la Légion d'honneur

PARIS

CH. DELAGRAVE ET Cie, LIBRAIRES-ÉDITEURS

58, RUE DES ÉCOLES, 58

LONDRES
{ TRÜBNER et Co, 60, Pater Noster Row.
DULAU et Co, 37, Soho square.
ROLANDI, 20, Berners street, Oxford street.
NUTT (DAVID), 270, Strand.
HACHETTE et Cie, 18, King William street.

Paris. — Imp. Viéville et Capiomont, rue des Poitevins, 6.

INTRODUCTION

Décadence de la royauté, de la noblesse, du clergé, du parlement. — Louis XV ne laissait derrière lui que des institutions vermoulues. Royauté, noblesse, clergé, parlement, tout était en décadence et en ruine. La royauté, autrefois si populaire, avait été avilie par ses vices, et était devenue insupportable par l'excès de l'arbitraire. Le roi, ou plutôt son conseil, réunissait tous les pouvoirs. Il avait seul le droit de faire des lois, et quelquefois on levait des impôts même sans loi ; ainsi la corvée n'avait été établie par aucune loi, par aucun arrêt imprimé du conseil. Dans les provinces il avait pour agents des intendants qui gouvernaient en maîtres absolus, qui pouvaient toujours déroger à la loi « dans un but utile, » et dont les plus infimes subalternes étaient irresponsables. Déjà les liens d'une centralisation excessive étreignaient le royaume : un village ne pouvait pas ordonner le plus petit travail, réparer un clocher, faire une dépense de vingt-cinq francs, sans l'autorisation du conseil du roi, qui faisait souvent attendre une réponse pendant deux ou trois ans. Il n'existait aucune garantie de liberté individuelle : tout homme pouvait être arrêté sans motif et indéfiniment emprisonné en vertu d'une de ces odieuses *lettres de cachet,* ainsi nommées parce qu'elles portaient le cachet du roi. Sous Louis XV, une personne puissante obtenait une lettre de cachet pour faire enfermer son ennemi, son créancier, son mari, sa femme, son fils, comme on obtiendrait un billet de concert ou de spectacle. On connaît l'histoire de Latude, jeune officier, qui fut jeté en prison par madame de Pompadour, et qui n'en sortit qu'après une dure captivité de trente-cinq ans. C'est un exemple entre mille. Sous Louis XV, la France n'eut pas même la gloire militaire pour voiler la honte de son gouvernement. Nos armées furent presque partout battues, nos flottes anéanties, nos colonies perdues, la patrie humiliée.

La noblesse, de tout temps, impopulaire en France à cause de son orgueil et de son égoïsme tyrannique, était méprisée pour ses vices et son irréligion, et odieuse pour ses priviléges que ses services ne justifiaient plus. Elle jouissait seule des places de la cour, des grosses pensions, des prodigalités du roi, des hautes dignités ecclésiastiques, des grades élevés dans l'armée et la marine, des fonctions diplomatiques, et de nombreux priviléges pécuniaires. Elle avait été exemptée de la taille établie sous Charles VII, à condition qu'elle ferait la guerre à ses dépens; et quoique ses services ne fussent plus gratuits, elle avait conservé l'exemption. Ce privilége, faible sous Charles VII, où la taille ne produisait que 1,200,000 francs, était énorme sous Louis XVI, où elle s'élevait à 90 millions. Elle payait une légère capitation, tandis que la capitation du peuple était presque égale au montant de la taille. Elle payait aussi l'impôt du vingtième sur le revenu; mais on s'en rapportait à la déclaration du noble, tandis que le roturier était taxé à la rigueur. Outre ces exemptions, la noblesse jouissait d'une foule de droits qui variaient à l'infini selon les lieux. Le noble prélevait des droits en nature ou en argent sur certaines terres, des droits de péage sur les chemins et les rivières, des droits sur les foires et marchés, sur

les ventes et les achats; il avait le droit de forcer les
paysans à moudre leur blé à son moulin, à faire cuire
leur pain dans son four, à porter leurs vendanges à
son pressoir, sans compter les droits de pêche, de
chasse, de colombier, de garenne, et une foule d'autres qu'il serait fastidieux d'énumérer.

La noblesse de province, privée des faveurs royales,
était en général pauvre et jalouse de la noblesse de
cour. Dépouillée de tout pouvoir politique, elle ne
prenait aucune part à l'administration de la paroisse,
et ne s'occupait des paysans que pour les rançonner
sans pitié.

Le haut clergé, irréligieux et corrompu comme la
noblesse de cour, était bien déchu du haut rang où
l'avaient élevé le génie et les vertus des grands évêques du xviie siècle. La naissance, les grâces légères de
l'esprit et quelquefois de honteuses protections étaient
les meilleurs titres pour arriver aux premières dignités de l'Église. Les siéges de Bossuet et de Fénelon
étaient déshonorés par les cardinaux Dubois, de
Tencin, de Rohan, de Brienne et tant d'autres prélats
mondains, vicieux et incrédules, sans compter cette
foule de mauvais prêtres qui jouèrent un rôle scandaleux, quelquefois sanglant, sous la révolution.

Les inégalités excessives, qui choquaient dans la
société du xviiie siècle, existaient dans le clergé.
L'évêché de Rouen comptait plus de treize cents
paroisses, celui de Toulon n'en avait que vingt;
l'évêché de Strasbourg avait 400,000 francs de revenu,
celui du Gap à peine 8,000; l'abbaye de Saint-Waast
d'Arras jouissait d'un revenu de 250,000 francs,
d'autres n'en avaient que 1,000; les curés de campagne et les vicaires mouraient de faim, tandis que
certains prélats se faisaient, avec le cumul des bénéfices, plus d'un million, comme le fameux cardinal de

Rohan, qui ne concevait pas qu' « un galant homme
pût vivre avec 1,200,000 francs de rente. »

Ces prélats et ces abbés, si scandaleusement riches,
ne payaient aucun impôt ; ils se bornaient à faire à
l'État un don gratuit. Ils pensaient comme cet évêque
qui disait au cardinal de Richelieu : « A la défense
nationale le peuple contribue avec son argent, la
noblesse avec son sang, le clergé avec ses prières, »
comme si le sang des simples soldats était de l'eau, et
que des prières pussent dispenser de contribuer aux
charges de l'État.

L'Église, c'est-à-dire les évêchés, les abbayes, les
couvents, avaient les mêmes priviléges seigneuriaux
que la noblesse. Les derniers serfs appartenaient au
couvent de Saint-Claude, en Franche-Comté. C'était à
cause de ces priviléges, de cette richesse et de cette
puissance, qui tenaient à une société aristocratique et
féodale, que le clergé était devenu odieux comme la
noblesse.

Le parlement, composé d'une espèce de noblesse de
robe, s'était déconsidéré par ses querelles avec le
clergé, et par ses luttes avec le gouvernement, où il
avait plus souvent défendu les abus que les interêts
du peuple, et quelquefois montré une singulière ignorance politique. Ainsi, en 1755, il avait demandé au
roi de faire baisser le prix du pain. Autant aurait valu
lui demander de faire pousser le blé.

Au-dessous de ces classes déconsidérées, énervées,
qui jouissaient des priviléges et des abus, était le
tiers-état, qui supportait presque toutes les charges
quoiqu'il possédât à peine la moitié du territoire. Là
aussi existaient des inégalités. Le tiers se divisait en
bourgeoisie et en peuple. Dès qu'un bourgeois avait
de l'argent, il achetait une charge qui l'anoblissait, ou
au moins un de ces innombrables offices, créés pour

battre monnaie, qui l'exemptaient de la milice, de la corvée et de certaines taxes. Ces immunités séparaient la bourgeoisie du peuple, qu'elle méprisait, comme elle était séparée et méprisée de la noblesse.

Le peuple des villes, quoique bien moins malheureux que les habitants des campagnes, voyait l'industrie et le commerce gênés par une foule d'entraves et de monopoles, comme les *maîtrises*, corporations régies par un conseil appelé *jurande*, qui assuraient à un petit nombre de privilégiés, de maîtres, le droit d'exercer un métier, et empêchaient les ouvriers de travailler pour leur compte. Ce monopole prévenait toute concurrence, éteignait toute émulation et maintenait le prix élevé des objets les plus nécessaires. L'habitant de la ville, comme celui de la campagne, était assujetti au service militaire, plus ou moins volontaire dans l'armée, obligatoire dans la milice, instituée au xviie siècle, qu'on formait par le tirage au sort, comme la conscription, et qui n'était tolérable que pour « un homme du bas peuple. »

Le sort des paysans, pressurés par la royauté, la noblesse et le clergé, était encore plus à plaindre. La corvée et la taille étaient leurs fardeaux les plus lourds. La corvée les obligeait à travailler sans salaire plusieurs jours par semaine pour entretenir les grandes routes, où ils ne voyageaient pas. La taille était arbitrairement répartie chaque année entre les paroisses par l'intendant de la province ; et chaque paysan était chargé, à son tour, de la répartir entre les individus, de la lever à ses frais, et il en était responsable sur tous ses biens. Dans quelques provinces, les paysans gémissaient encore sous des restes humiliants de servitude. Les uns, libres de corps, ne pouvaient pas disposer de leurs biens, les vendre, les léguer, les laisser à leurs enfants, sans la permission de leur seigneur ; les autres appartenaient au seigneur corps et biens, et ils ne pouvaient pas s'affranchir, même en abandonnant tout ce qu'ils possédaient.

Etat des idées. Désir d'une réforme. Philosophie sensualiste. — Tant d'inégalités, d'injustices, d'abus, avaient fini par inspirer une haine violente contre nos institutions politiques, sociales et religieuses. La réaction avait commencé dès les dernières années de Louis XIV, qui avait tenu dans une servilité énervante toutes les classes de la nation. On protesta d'abord par la licence des mœurs. A l'austérité, à la tristesse d'une cour dévote succédèrent tout à coup les désordres bruyants et scandaleux de la Régence, qui inaugurèrent le siècle le plus corrompu de notre histoire.

La licence des mœurs amena insensiblement le scepticisme. La philosophie religieuse proclame l'existence de Dieu dans l'univers et l'existence de l'âme dans l'homme. Au xviiie siècle, Condillac enseigna, d'après Locke, qu'il n'y a rien dans l'intelligence qui ne vienne des sens, et que les sens sont la source première de nos idées et de nos sentiments. Il ne niait pas l'existence de l'âme, mais il réduisait son rôle à un état passif qui la rendait inutile et menait droit au matérialisme. Helvétius, esprit étroit et faux, tira les conséquences extrêmes de cette doctrine. « Si l'on peut tout expliquer par les sens, dit-il, l'homme n'a que des sens; il n'a point d'âme. Et si nous n'avons que des sens, nous ne pouvons avoir qu'un but, le plaisir des sens. Le bien est ce qui contribue à nos plaisirs; le mal, ce qui leur est contraire. Mais en soi, il n'y a ni bien, ni mal, ni vice, ni vertu. Tout cela dépend de notre plaisir, de notre intérêt. Donc notre intérêt est le seul mobile de nos actions. » C'est l'égoïsme érigé en doctrine philosophique.

Helvétius prêchait à des auditeurs dignes de l'entendre. Les contemporains se reconnurent dans la peinture qu'il faisait de l'homme. « Bon, dit Mme du Deffand, il a révélé le secret de tout le monde. » C'était avouer que l'on ne consultait dans ses actions que l'intérêt personnel. Les uns font le bien, parce qu'ils trouvent leur plaisir à le faire, tandis que d'autres trouvent leur bonheur à faire le mal. Après cela, qu'on s'étonne de l'énervement des caractères et des crimes de la révolution française!

Du matérialisme à l'athéisme il n'est qu'un pas. Si dans l'homme il n'y a que matière, il en est de même dans l'univers; donc la matière est tout l'univers, donc il n'y a point de Dieu.

Il faut noter une singulière inconséquence chez Helvétius et les autres philosophes du XVIIIe siècle. Ces ennemis de Dieu, de la religion et de la morale, qui faisaient de l'homme un animal, étaient pleins de zèle pour l'humanité. A côté de leurs désespérantes doctrines, ils prêchaient la justice, la liberté, la tolérance, l'égalité civile, la charité, la réforme des abus, l'amélioration du sort de toutes les classes souffrantes. Et ils ne se contentaient pas de prêcher le bien, ils le pratiquaient. Ajoutons encore en leur faveur qu'ils n'avaient pas fait, comme nous, la triste expérience des excès où peut tomber l'homme, quand il est affranchi du frein de la religion et de la morale. Ils ne se doutaient pas qu'ils préparaient cette terrible révolution où la moitié de leurs disciples devait égorger l'autre moitié. Assurément, ils auraient vu avec effroi leurs principes mis en pratique; et J.-J. Rousseau, qui croyait trop chèrement achetée une révolution, si elle devait coûter la vie d'un seul homme, aurait répudié avec horreur Marat et Robespierre qui se disaient ses disciples.

Cette philosophie sceptique, raisonneuse, fut fatale à la littérature, surtout à la poésie, qui vit d'imagination, d'enthousiasme et de sentiment. Au xviiie siècle, les écrivains sont moins littérateurs que *philosophes*, c'est-à-dire libres penseurs, ennemis de toutes les croyances et de toutes les institutions du passé. Quoique amoureux de l'art d'écrire, ils se proposaient moins de faire un bon livre que d'agir sur l'opinion publique et de préparer la réforme de l'état social tout entier. A la langue simple, pure, abondante et gracieuse du grand siècle, succéda un style d'une fausse noblesse, d'une élégance artificielle, semé de traits d'esprit et de tours ingénieux, dénué d'imagination et d'originalité.

Quatre hommes de génie seulement se placent, comme écrivains, à côté des grands auteurs du xviie siècle. C'est Montesquieu, Voltaire, J.-J. Rousseau et Buffon.

Montesquieu, qu'on pourrait appeler le Bossuet de la législation, parce qu'il a quelques-unes des qualités de l'immortel évêque de Meaux, la vigueur de conception, l'élan de pensée, l'esprit à la fois brillant et solide, fut le plus éminent des réformateurs modérés; mais il ne se défendit pas toujours des exagérations et des témérités de ses contemporains. Dans ses *Lettres persanes*, qu'on a spirituellement appelées « le plus profond des livres frivoles, » il fit une satire vive, piquante, moqueuse, de nos mœurs, de nos lois, de notre gouvernement, et même de la religion chrétienne, dont les prétendus voyageurs persans parlent en vrais mahométans. Dans ses *Considérations sur les causes de la grandeur et de la décadence des Romains*, admirable résumé d'histoire politique, il fait ressortir le contraste d'un peuple énergique et actif avec un état dominé par une cour énervée et corrompue, et donne cette grande leçon que de la raison, de la liberté, de la vertu, naissent tous les biens ; et que de la folie, de l'esclavage et des vices naissent tous les maux. » Dans l'*Esprit des lois*, son chef-d'œuvre, et le livre le plus profond du siècle, il combat tous les genres de despotisme dans la politique, la religion, la société, la famille, et il plaide avec une raison noble et élevée, quelquefois avec une éloquence sublime, la cause de la liberté, de la justice et de l'humanité.

Voltaire, personnification du xviiie siècle, en représente le bien et le mal. Si l'on voit en lui cette haine ardente des abus, de l'oppression et de la persécution religieuse, cet amour zélé de l'humanité, de la liberté, de la tolérance, qui sont le côté louable de son époque, on y trouve aussi l'esprit de critique et de raillerie, le scepticisme, le fanatisme de l'irréligion, le génie destructeur, le cynisme moral, qui font un contraste déplorable avec les bonnes qualités de ce siècle célèbre. Voltaire ne représente pas seulement son siècle ; nul plus que lui n'est marqué des traits distinctifs de la nation française. Il en a le caractère léger, souple au suprême degré, cette intelligence vive et prompte, cet esprit gaulois, sensé, moqueur, habile à saisir le ridicule, ennemi du merveilleux, ami du simple et du vrai, le don et le besoin de plaire, le talent de dire légèrement des choses solides, et ce style clair, facile, animé, que l'on est convenu de considérer comme les qualités caractérisques de notre pays et de notre littérature.

Voltaire, si admirablement doué, essaya tous les genres de la célébrité littéraire en prose et en vers et déploya une souplesse merveilleuse à se plier aux sujets les plus opposés. Il fut le premier poëte du siècle, bien qu'il n'ait excellé que dans la poésie légère et mondaine, genre où l'esprit, qu'il appelle *la raison ingénieuse*, peut jusqu'à un certain point suppléer les qualités qui lui manquaient. En prose il est bien plus grand : comme historien, critique, romancier, publiciste, auteur épistolaire, il se plaça au premier rang.

J.-J. Rousseau ne fut pas, comme Voltaire, le représentant de son siècle. En religion, il fut le défenseur éloquent de l'existence de Dieu et de l'immortalité de l'âme et l'adversaire passionné de l'athéisme et du matérialisme. En politique, il exagéra les idées de ses contemporains : on attaquait les institutions ; pour lui, révolté des inégalités sociales, de ce contraste de jouissances voluptueuses pour les uns et de privations excessives pour les autres, il ne veut point d'institutions, et il lance contre la propriété, qui est la première phase de la société, un anathème menaçant, qui devait recevoir, à la fin du siècle, une terrible application. Dans les lettres, tout occupées d'utilité pratique, l'esprit de critique sociale avait tué l'enthousiasme et l'inspiration. Rousseau rendit à notre littérature l'enthousiasme, l'imagination et le sentiment ; il y introduisit l'amour de la nature, le sens de la réalité, la rêverie, et il enrichit notre prose de pages ravissantes de coloris, de fraîcheur, d'élégance et d'harmonie. Mais là encore à de grandes beautés il mêla des défauts dont est sortie une école d'écrivains qui remplacent le sentiment par la fausse sensibilité, et l'éloquence par la déclamation.

Dans son *Contrat social*, où il expose la manière dont il entend constituer la société, il soutient qu'il n'y a de souveraineté que la souveraineté de tous, que cette souveraineté ne peut se tromper, ou que si elle se trompe, elle n'en doit pas moins être obéie, sous peine de mort. Ainsi Rousseau reconnaît à la multitude, c'est-à-dire à la force brutale du nombre, le droit de décider de tous les intérêts, même de ceux de la justice et de la religion. Ce livre eut une terrible influence sur la Révolution française. Les disciples de Rousseau voulurent exiger par la terreur l'anéantissement de l'individu au nom de l'intérêt général, et ils proclamèrent la liberté, l'égalité, la fraternité ou la mort.

Buffon, qui fit pour l'histoire naturelle ce que Montesquieu avait fait pour les lois, eut, le premier en France, la gloire de rassembler les faits de l'histoire naturelle, de les observer, de les juger et d'en tirer des principes généraux pour former une théorie philosophique de la nature, comme Montesquieu avait fait la théorie de la législation. L'*Histoire naturelle* se place à côté de l'*Esprit des lois*, et ces deux ouvrages méritent également d'être considérés comme les deux plus grands monuments littéraires et scientifiques du XVIIIe siècle. Mais si le but que se proposèrent ces deux grands hommes se ressemble, leur manière d'écrire est bien différente : le style de Montesquieu est concis, coupé, haché, pétillant de saillies ; celui de Buffon se compose de longues et harmonieuses périodes, admirablement adaptées à la peinture des merveilles de la nature. Comme Montesquieu, Buffon fut entraîné par le courant de son siècle. Il en accepta les mœurs, il subit l'influence secrète de ces mœurs sur sa pensée, et partagea quelques-unes des erreurs de ses contemporains. Il tenta d'expliquer, sans recourir à un Dieu créateur, la formation de la terre et la force qui la fait mouvoir autour du soleil ; et il attribua aux cinq sens l'origine de toutes nos idées et de tous nos sentiments : c'est la doctrine sensualiste, si chère au XVIII siècle.

Après ces quatre grands esprits, la première place

appartiendrait peut-être à Diderot, si l'absence de toute règle et de toute mesure et la perversité de ses doctrines n'avaient pas gâté son talent de littérateur. Doué de la plupart des qualités qui font le grand écrivain, Diderot les dépensa à tort et à travers en improvisant sur toute sorte de sujets, et partout il sema à pleines mains l'impiété poussée jusqu'à l'athéisme et la négation de toute vertu et de toute loi morale.

Le plus important des ouvrages auxquels travailla Diderot est la fameuse *Encyclopédie des sciences, des arts et des métiers*, commencée en 1750, terminée en 1772, et composée de vingt-huit volumes in-folio. Le but de cet immense dictionnaire était de réunir et de juger, au point de vue de la philosophie sceptique, les connaissances, les doctrines, les institutions et les mœurs du passé, afin de tout détruire et de tout refaire. Diderot fut l'âme de cette grande entreprise, à laquelle coopérèrent tous les écrivains de l'époque. Sous son inspiration et sous sa plume, le livre se remplit de scepticisme, d'irréligion et d'immoralité, et servit puissamment la cause de la révolution, que le parti philosophique appelait de tous ses vœux.

Le siége des prédications des encyclopédistes était les salons qui, au xviiie siècle, devinrent des foyers d'idées. On se réunissait chez Mme de Tencin, femme d'esprit et de talent, mais intrigante et sans mœurs comme son frère le cardinal, mère dénaturée du grand géomètre d'Alembert, qu'elle abandonna au moment de sa naissance; chez la marquise du Deffand, également connue par son esprit, son égoïsme et sa méchanceté; chez mademoiselle de Lespinasse, qui n'inspire guère plus de sympathie; chez Mme Geoffrin qui alliait à des sentiments religieux une grande indulgence pour ceux qui travaillaient à la ruine de la religion et de la morale. La principale réunion avait lieu chez d'Holbach, ami d'Helvétius, riche Allemand naturalisé français, à qui ses dîners ont valu le plaisant surnom de *Maître d'hôtel de la philosophie*. C'est là qu'on attaquait ouvertement toutes les institutions, tous les principes, toutes les croyances, et qu'on écrivit ce honteux *Système de la nature*, code de sensualité et de destruction, qui prêchait, sans voile, l'athéisme et le matérialisme, et qui révolta même Voltaire et Frédéric II.

On éprouve un douloureux étonnement à voir que l'esprit sceptique ne rencontra pas un seul savant et éloquent défenseur de la religion et de la royauté. Sans parler du manque de foi, les écrivains conservateurs étaient inférieurs à leurs adversaires en talent, et plusieurs d'entre eux ne valaient pas mieux pour la moralité. Ils comptaient moins sur les armes de la raison que sur les arrêts du parlement contre les mauvais livres et sur les lettres de cachet contre ceux qui les avaient écrits. Ils se donnèrent un autre désavantage : ils voulurent comprendre dans la défense des bons principes celle de tout le passé, et ils défendirent l'autorité absolue de la couronne, les priviléges excessifs de la noblesse et du clergé, l'intolérance, les persécutions religieuses, les abus de toute sorte, accumulés depuis des siècles. C'était tomber dans la même faute que leurs adversaires, qui voulaient tout détruire, qui confondaient la religion et le fanatisme, et qui portaient aux saines institutions des coups qu'on aurait dû réserver pour un clergé opulent et incrédule, pour une noblesse hautaine et dégénérée, pour une royauté despotique et avilie.

Le pouvoir lui-même ne se défendait pas mieux. Il est vrai qu'il faisait condamner et brûler les livres ; mais il les laissait vendre et circuler, et quelquefois il en récompensait les auteurs. Ainsi Duclos vit condamner son *Histoire de Louis XI*, et fut nommé historiographe de France, après le départ de Voltaire pour Berlin. La foi politique était éteinte chez les fonctionnaires du gouvernement, comme la foi religieuse chez les membres du clergé. Ils sentaient que la société était condamnée à périr et ils ne faisaient rien pour la sauver. Quelques-uns même trahissaient leur devoir. Ainsi Malesherbes, directeur de la librairie, ayant été chargé de faire saisir les papiers de Diderot, le fit prévenir en secret. « Je n'ai pas le temps de faire un triage, » dit le philosophe. — « Envoyez tout chez moi, » répondit Malesherbes.

Le gouvernement, qui avait enlevé aux sujets toute liberté individuelle, tout contrôle sur leurs affaires, leur permettait de discuter toute sorte de théories sur la religion, la morale et même la politique, de tout attaquer, même les principes fondamentaux de la société, et la noblesse riait la première des sarcasmes lancés contre les corps privilégiés. La cour applaudit avec enthousiasme ces vers de Voltaire, dans la représentation de la tragédie de *Brutus*, qui eut lieu à Versailles.

> Je suis fils de Brutus, et je porte en mon cœur
> La liberté gravée et les rois en horreur.

C'était souffler le feu qui devait les dévorer.

Pour comble de malheur, les hommes de lettres, qui prétendaient refaire toute la société, étaient des guides aveugles. Éloignés des affaires, ils n'avaient étudié que les livres et manquaient d'expérience pratique ; ils ne consultaient que leur raison et créaient des sociétés imaginaires, impossibles, sans tenir compte des obstacles que pouvaient présenter les intérêts, les mœurs, les passions. C'étaient des voyageurs qui parcouraient le monde sur une carte où ne les arrêtaient ni les fleuves, ni les mers, ni les montagnes.

LOUIS XVI

(1774-1789)

Caractère de Louis XVI.— L'avénement de Louis XVI
fut salué par les acclamations de la France entière.
On se sentit soulagé d'un joug ignominieux, et l'on
crut voir naître une ère de bonheur. L'enchantement
ne fut pas long. Quoique le nouveau roi fût doué
d'excellentes qualités, c'était le prince le moins capable d'opérer les réformes que les hommes éclairés
appelaient de tous leurs vœux. Pour combler l'abîme
qui menaçait d'engloutir la monarchie et les classes
privilégiées, il aurait fallu un roi instruit, ferme,
décidé, qui ne craignît pas d'y jeter tous les abus et
tous les priviléges. Louis XVI avait un grand fonds de
bonté et un profond sentiment moral et religieux qui
devait le soutenir dans de terribles épreuves ; il voulait le bien, sans avoir l'intelligence et la force de le
faire ; il était courageux sans fermeté, opiniâtre sans
énergie, faible sans adresse ; versé dans la connais-
sance de l'histoire et de la géographie, sans avoir
rien appris de ce qu'un roi doit savoir, et le sentiment de son ignorance des hommes et des choses
augmentait encore sa timidité et son irrésolution
naturelles. « Quel fardeau j'ai là pour mon âge ! dit-
il en apprenant qu'il était roi; et l'on ne m'a rien
enseigné ! »

Le premier acte de Louis XVI fut de renoncer au
droit de joyeux avénement et d'envoyer de sa cassette
une somme considérable pour payer une année d'ar-
rérages des pensions de l'armée et de la marine. De

son côté, Marie-Antoinette renonça au droit de ceinture de la reine, qui se levait tous les trois ans sur le pain, le vin et quelques autres denrées. Pour donner satisfaction à l'opinion publique, le roi congédia les odieux ministres de Louis XV et rétablit les parlements. Il tint un lit de justice et annonça aux magistrats leur rappel dans un discours maladroit qui excita des murmures. « Sentez le prix de mes bontés, leur dit-il en finissant, et ne les oubliez jamais. » Le rétablissement des anciens parlements était une grande faute, puisque, tout en s'opposant aux exactions du pouvoir, ils s'étaient toujours montrés les défenseurs obstinés des priviléges et des abus.

Maurepas, premier ministre.— Le jeune roi, quoique à peine âgé de vingt ans, sentait, comme tout le monde, la nécessité de réformer la monarchie et désirait vivement faire les réformes les plus favorables au peuple; mais il ne savait quels changements introduire. Il chercha un guide qui pût l'éclairer. On lui recommanda le vieux comte de Maurepas, petit-fils de l'ancien chancelier Pontchartrain, qui, nommé à quatorze ans ministre de la marine et de la police, avait été disgracié en 1749 pour avoir fait un méchant quatrain contre Mme de Pompadour. Jamais choix ne fut plus déplorable. Maurepas, à qui l'on supposait de l'expérience, parce qu'il était septuagénaire, avait conservé la légèreté, la frivolité de la jeunesse. Esprit facile, délié, moqueur, il répondait à tout par un bon mot et décidait par une épigramme les questions les plus graves. Son égoïsme s'était accru dans l'exil : indifférent aux besoins et aux maux de l'État, il ne songea qu'à conserver ses honneurs et son repos.

Louis XVI montra son amour du bien en confiant les finances à Turgot, intendant de Limoges, homme éclairé, habile, plein d'expérience, connaissant les besoins du pays, de mœurs sévères et d'une droiture inflexible; le ministère de sa maison à Malesherbes, président de la cour des aides, le dernier des grands magistrats de l'ancienne monarchie, partisan comme Turgot, son ami, d'une réforme modérée, graduelle; la guerre au comte de Saint-Germain, militaire distingué, homme honnête, mais aventureux et sans caractère, défaut qui rend les talents inutiles chez un ministre; et les affaires étrangères au comte de Vergennes, laborieux, sage, expérimenté, dont l'habileté diplomatique releva la France de l'abaissement où elle était tombée sous le dernier règne.

Réformes de Turgot. — Le poste de Turgot était le plus important et le plus difficile après la désastreuse administration de l'abbé Terray. Il se mit à l'œuvre avec une infatigable activité. Il s'appliqua à instruire le jeune roi, à lui faire connaître la misère du peuple, les exactions des fermiers, et l'avidité des courtisans qui se rendaient souvent leurs complices. Il lui exposa son plan de réforme et lui dit : « Point de banqueroute, point d'emprunt, point d'augmentation d'impôts. Il faut réduire les dépenses, répartir l'impôt d'une manière plus équitable, réformer les abus de la perception, développer l'agriculture, l'industrie et le commerce. » Il ne lui cacha pas les obstacles que les classes privilégiées opposeraient à des réformes qui atteindraient leurs priviléges. « Ne craignez rien, lui dit le roi, je vous soutiendrai. »

Ce grand et libéral ministre voulait préparer les Français à la vie politique par l'établissement d'assemblées municipales et provinciales, composées des principaux propriétaires, nobles et roturiers, et chargées de répartir l'impôt, de pourvoir aux travaux publics, et d'éclairer le gouvernement sur les intérêts particuliers de la paroisse, de la ville, de l'arrondissement et de la province. Enfin, il se proposait de former une assemblée générale qui serait devenue la chambre consultative du gouvernement et se serait occupée des intérêts généraux du pays.

Turgot voulait marcher pas à pas dans la voie des réformes. Il commença par obtenir du roi la promesse de ne plus signer d'*acquits de comptant* et de réduire la dépense de sa maison, qui se montait à vingt-trois millions pour le civil et à huit pour le militaire, sans compter treize millions pour celles de la reine et des princes. Il supprima plusieurs charges lucratives à la cour et plus de trois mille places dont les titulaires encombraient les marchés et les quais de Paris. Il abolit les douanes intérieures et affranchit le transport des grains des droits qui se payaient de province à province. Il ôta une foule d'entraves ridicules, oppressives, mises à la vente et à la consommation des denrées de première nécessité. Ainsi, à Rouen, une compagnie de cent douze marchands avait le privilége exclusif d'acheter le blé sur le marché et de le vendre aux boulangers de la ville. Une autre compagnie de quatre-vingt-dix membres avait le droit de porter, charger et décharger le grain; enfin, tout ce qui était destiné à la consommation de la ville devait être moulu à cinq moulins. Les compagnies privilégiées furent abolies et indemnisées, et ces abus disparurent en Normandie et dans les autres provinces.

Avant de s'attaquer aux impôts, Turgot en rendit la perception moins arbitraire, et le trésor y gagna. Au lieu de l'affermer à des financiers, il établit une régie pour le compte de l'État, et il obtint une économie de plus de sept millions. Il abolit le monopole des *maîtrises* et des *jurandes*, qui gênaient le commerce dans les villes et condamnaient l'ouvrier à n'exercer que le métier qu'il avait appris, et les corvées, si ruineuses pour les campagnes, qui furent remplacées par une taxe destinée à l'entretien des routes et payée par tous, nobles, ecclésiastiques et roturiers. Le parlement, qui s'opposait aux réformes comme aux exactions du gouvernement, s'éleva contre cet impôt et décréta que le peuple était taillable et corvéable à volonté, et que c'était là une partie de la constitution que le roi n'avait pas le pouvoir de changer. Les nobles et les prélats s'indignèrent de payer comme le peuple pour l'entretien des routes où roulaient leurs équipages. Des ministres même défendirent la corvée. « Je vois bien, dit tristement le roi, qu'il n'y a que M. Turgot et moi qui aimions le peuple ! » Il parla avec fermeté et l'édit fut enregistré dans un lit de justice, que Voltaire appela un *lit de bienfaisance* (1776). Ce fut le seul effort que fit le faible Louis XVI pour soutenir son ministre. Il avait promis à Turgot de ne plus accorder de faveurs pécuniaires, et il cédait à la première sollicitation. Ainsi un jeune officier avait besoin, pour épouser une riche héritière, d'une pension considérable. Le ministre la refusa, et le roi l'accorda. Économe pour ses dépenses personnelles, Louis XVI se résignait au luxe de la reine, de ses frères et des courtisans. Il blâmait le jeu excessif de

la cour, où la reine et le jeune comte d'Artois perdaient des sommes énormes, et il le tolérait. On en
était quitte pour quelques réprimandes, que les courtisans appelaient le coup de boutoir du roi.

Ce prince, qui aurait voulu contribuer à faire le
bien, ne s'occupait, faute de lumières, que de petits
détails. Un jour Turgot le trouva écrivant un projet.
« Vous voyez, lui dit-il, que je travaille aussi de mon
côté. » Il rédigeait l'édit qui fixait l'indemnité à payer
aux paysans dont le gibier dévastait les champs voisins des maisons royales. Au reste, il se fatigua bientôt
de travailler et d'écouter le ministre qui faisait son
éducation. « Ah! encore un mémoire! » lui dit-il un
jour. Il aurait voulu réformer en quelques jours et
sans peine des abus amoncelés depuis des siècles.

Réformes de Malesherbes. — Louis XVI ne soutint
pas mieux Malesherbes, ministre de sa maison et
chargé de la police du royaume. Ennemi des empri-
sonnements arbitraires, Malesherbes fit mettre en
liberté tous les prisonniers dont la détention était
injuste. Désespérant de faire abolir *les lettres de cachet*, qui mettaient la liberté individuelle à la merci
d'un ministre, et les *édits de surséance*, qui dispen-
saient indéfiniment les débiteurs puissants de payer
leurs dettes, il voulait du moins les attribuer à un
conseil de cinq magistrats qui ne pourraient les accorder qu'à l'unanimité. Quelques ministres refusèrent
de renoncer au droit d'envoyer des lettres de cachet.
Le roi approuva le projet; mais il ne fit rien pour le
mettre à exécution. Malesherbes, si grand magistrat,
ne se montra pas grand ministre : il manquait de courage contre les personnes. Dégoûté du pouvoir par
la corruption et l'égoïsme de la cour, il perdit trop

tôt l'espoir de faire aucun bien et donna sa démission. Le roi voulut en vain le retenir : « Vous êtes plus heureux que moi, lui dit-il, vous pouvez abdiquer » (1776).

La chute de Turgot suivit de près la retraite de son ami. Chaque réforme augmentait le nombre et la colère de ses adversaires. Il se voyait attaqué par le parlement, qui s'apitoyait sur les souffrances du peuple et qui était le défenseur opiniâtre des abus ; par les chefs des corporations, qui prétendaient que l'abolition des maîtrises livrait aux Anglais l'industrie française ; par les financiers, qui ne faisaient plus leurs scandaleux bénéfices ; par les courtisans, dont la rapacité ne puisait plus dans le trésor ; par les tantes du roi, ses frères, et même la reine, irrités contre un ministre qui ne parlait que d'économies, et par le haut clergé, qui détestait en lui un disciple des philosophes et qui tremblait pour ses immunités et ses immenses revenus. On persuada à Louis XVI que Turgot entreprenait trop de choses à la fois et que ses innovations finiraient par tout bouleverser. Ce grand homme reçut ordre de donner sa démission. Le roi, qui avait approuvé toutes ses réformes, les laissa périr ; et l'on retomba dans l'abîme des priviléges et des abus. Il y eut une explosion de joie à la cour ; les hommes éclairés s'affligèrent et tremblèrent pour l'avenir (1776).

Réformes de Saint-Germain. — Les innovations du comte de Saint-Germain au ministère de la guerre, n'eurent pas un meilleur sort. Là aussi il y avait beaucoup à réformer. Dans une armée de cent cinquante mille hommes, on comptait soixante-mille officiers en activité ou en retraite ; c'était presque un officier pour trois soldats. Dans chaque régiment il y avait un colonel-propriétaire, un colonel-commandant, un colonel en second, un colonel en troisième, des colonels par commission, des colonels à la suite du régiment, des colonels attachés à l'armée ; il en était de même pour tous les grades, et les grades s'achetaient à tout âge. Ainsi le duc de Richelieu fut nommé colonel à sept ans ; c'est ce qu'on appelait un colonel *à la bavette*. Le ministre réduisit le nombre ridicule des grades, et fit décréter qu'à l'avenir on ne pourrait obtenir de l'avancement sans entrer au service. Ensuite il entreprit de donner à l'armée une organisation uniforme, la plus propre à la discipline, à l'instruction, à l'économie. Il voulut supprimer les corps privilégiés, tous de faste, dont l'existence était dispendieuse et humiliante pour les autres, qui supportaient tout le fardeau du service. Quelques officiers supérieurs donnèrent leur démission ; mais le duc d'Aiguillon et le maréchal de Soubise, qui commandaient les gendarmes de la garde et les chevau-légers, s'opposèrent à la suppression de leurs places ; et pour leur plaire, on conserva cinquante gendarmes et cinquante chevau-légers. Ce ne fut pas la seule faiblesse. Le ministre fit approuver au roi l'abolition de la vénalité des grades dans l'armée ; et bientôt après, pour couvrir certaines dépenses, le roi vendit cent brevets de capitaine de cavalerie. Pendant qu'on supprimait une foule d'emplois inutiles, le maréchal de Castries obtenait le rang d'officier pour tous les gendarmes de son corps. Le pauvre Saint-Germain faiblit comme le roi ; il craignit de perdre sa place, et il ne fit plus que des fautes. Il eut la malencontreuse idée d'introduire la discipline allemande dans l'armée française, et de faire infliger des coups de plat de sabre pour les délits disciplinaires. En France, le soldat considère les châtiments corporels comme infamants. Il y eut des suicides, et toute l'armée répéta ces mots d'un grenadier : « Je n'aime du sabre que le tranchant. » Saint-Germain, déconsidéré par sa faiblesse, fut contraint de donner sa démission (1777).

Le vieux Maurepas, attentif à conserver son pouvoir, abandonnait bien vite les ministres réformateurs, et les faisait remplacer par des hommes qui ne lui causaient aucun ombrage. Il fit donner le contrôle des finances à Clugny, intendant de Bordeaux, homme sans principes et sans mœurs, le ministère de la guerre à l'incapable prince de Montbarrey, et celui de la maison du roi à l'inepte Amelot, dont la sottise était connue. « Du moins, dit-il, on ne m'accusera pas d'avoir choisi celui-là pour son esprit. » C'est Amelot qui disait : « S'il n'y avait pas de lettres de cachet, je ne voudrais pas être ministre, le roi m'en priât-il à mains jointes. » Clugny, contrôleur à la façon de Terray, mourut bientôt après avoir fondé la loterie royale, établissement immoral où le peuple, séduit par l'appât trompeur du gain, allait perdre dans un jeu inégal le fruit de son travail et de ses économies.

Première administration de Necker (1776-1781). — Pour réparer les sottises de Clugny, on choisit un génevois protestant, nommé Necker, devenu le plus riche banquier de Paris. Sa nomination excita les murmures du clergé, et un évêque alla rappeler à Maurepas que les lois du royaume interdisaient aux protestants les fonctions publiques. « Nous vous l'abandonnons, répondit le vieux et malin ministre, si le clergé veut payer les dettes de l'État. » Cependant on n'osa pas donner à Necker le titre de contrôleur général ; il eut celui de directeur général des finances, et il n'entra point au conseil. Necker, habile financier plutôt que homme d'Etat, n'avait pas les grandes vues politiques de Turgot, dont il avait critiqué les mesures dans l'espoir de le remplacer. Il ne songeait point à donner à la France de nouvelles institutions pour garantir l'avenir ; il croyait que des réformes financières, compatibles avec le maintien des priviléges, suffiraient pour sauver la monarchie, et il en fit d'excellentes. Il s'appliqua à ramener l'ordre dans la comptabilité, à supprimer les dépenses inutiles, à économiser sur les dépenses nécessaires.

Son attention se porta d'abord sur les abus de la maison du roi, de la reine et des princes, dont les dépenses se montaient à quarante-quatre millions, et les pensions à vingt-huit, somme peut-être double de ce que payaient alors tous les souverains de l'Europe réunis. Il mit de l'ordre dans les dépenses et supprima plus de cinq cents places inutiles, qui donnaient le moyen de faire des profits secrets considérables. Ces réformes excitèrent des cris de fureur parmi les courtisans ; on l'accusa d'attenter à la propriété particulière et d'enlever à la couronne une partie de son éclat.

A ces réformes économiques Necker ajouta des réformes dictées par l'humanité. Il améliora le régime des hôpitaux, lieux infects, où plusieurs malades gisaient dans le même lit, et il fonda à ses frais un hôpital qui devait servir de modèle et qui porte encore son nom. Il abolit la question préparatoire qu'on infligeait aux accusés avant de les juger, et toutes les servitudes qui existaient dans le domaine royal.. A l'exemple du roi, les nobles affranchirent volontairement leurs serfs, et l'on vit enfin disparaître ces restes honteux de la barbarie féodale. Le chapitre de Saint-Claude, dans le Jura, refusa seul d'affranchir les siens sans indemnité. Les corporations sont toujours les dernières à accepter la réforme des abus, sous prétexte que, simples dépositaires, elles doivent transmettre intacts les priviléges qu'elles ont reçus.

En même temps Necker s'occupait de réformer l'administration des finances, où avaient reparu tous les abus extirpés par Turgot. Il y supprima une foule d'emplois inutiles ou onéreux et y fit d'importantes améliorations. Une seule, introduite dans le nouveau bail des fermes, valut quatorze millions d'économie par an. Il entreprit d'établir une égale répartition dans l'impôt du vingtième, prélevé sur le revenu des biens-fonds. Les roturiers étaient taxés par les percepteurs, tandis qu'on s'en rapportait à la simple déclaration des nobles, qui n'était pas toujours conforme à la vérité. Le ministre voulut ordonner la vérification du revenu des propriétés. Le parlement s'y opposa, et le roi eut la faiblesse de renoncer à cette mesure si juste, qui aurait grossi la recette du trésor.

Cependant les réformes de Necker, qui ne tendaient qu'à augmenter les recettes et à diminuer les dépenses publiques, ne suffisaient pas pour subvenir aux frais de la guerre d'Amérique, où la France venait de s'engager. On était obligé de recourir aux emprunts. Necker, qui avait déjà emprunté trois cents millions, comprit que le meilleur moyen d'inspirer de la confiance aux financiers et aux capitalistes était de leur montrer que, d'après le chiffre des recettes et des dépenses, l'État pouvait facilement payer les intérêts d'emprunts considérables. Il obtint du roi la permission de publier le *compte rendu des finances*. Le succès répondit à son attente, et il fit, à des conditions avantageuses, un emprunt de deux cent trente millions.

Malgré cet heureux résultat, la publication du fameux compte rendu fit éclater la colère des courtisans et des spéculateurs; ils s'écrièrent que le *banquier génevois* divulguait les secrets de l'État. Il ne divulguait que leurs grosses pensions et leurs scandaleux bénéfices. Maurepas, qui n'avait pas même été nommé dans le rapport, fut le premier à s'en moquer. Le compte rendu avait une couverture bleue. « Avez-vous lu le conte bleu ? » demandait-il aux courtisans; et ce mauvais jeu de mots eut plus de succès qu'une réfutation sérieuse. Ce fut le signal d'une nuée de libelles contre le ministre.

Necker, qui avait autant d'orgueil que d'habileté, voulut, pour imposer silence à ses ennemis, obtenir du roi un témoignage public de confiance, et il demanda son entrée au conseil. « Qui, vous au conseil ? lui répondit Maurepas, vous n'allez pas à la messe. Vous serez conseiller d'État, si vous voulez changer de religion. » Necker piqué envoya sa démission, et Louis XVI l'accepta, fatigué d'un ministre qui le régentait comme un écolier. La reine essaya vainement de le retenir; son orgueil le rendit inflexible. Les regrets des amis de l'État l'accompagnèrent dans sa retraite.

Six mois après, le frivole Maurepas mourut et ne fut regretté que du roi. Le lendemain de ses funérailles, il dit avec tristesse : « Ah ! je n'entendrai plus le matin mon ami au-dessus de ma tête. » Vit-on jamais autant de bonté mêlée à si peu de jugement ?

Guerre d'Amérique (1778-1783). — La guerre d'Amérique, qui fut glorieuse pour la France, lui coûta près d'un milliard et demi, accrut les embarras des finances et accéléra la marche des idées vers la révolution.

L'Angleterre, qui avait fait la guerre de Sept Ans pour défendre ses colonies de l'Amérique du Nord, voulut leur faire payer une partie des frais, et le parlement passa l'acte du timbre, qui assujettissait les colons à se servir, dans leurs transactions, d'un papier timbré vendu au profit du trésor. Les Américains prétendirent que le parlement, où ils n'étaient pas représentés, n'avait pas le droit de les taxer ; ils considérèrent l'impôt comme un tribut honteux qui les rendrait les vassaux de l'Angleterre, et ils refusèrent de le payer. Le ministère anglais recula ; il retira l'acte du timbre et le remplaça par des droits de douane sur le thé importé en Amérique. Les colons, préparés à l'émancipation par leurs institutions républicaines, et secrètement excités par les émissaires de la France, se révoltèrent ouvertement contre la mère patrie, et le congrès de Philadelphie publia la déclaration d'indépendance des treize États-Unis d'Amérique (1776). Les rédacteurs de cet acte mémorable proclamaient que « tous les hommes ont été créés égaux ; qu'ils ont reçu du Créateur certains droits inaliénables, comme la vie, la liberté, la propriété ; et que, pour s'assurer la jouissance de ces droits, ils ont établi parmi eux des gouvernements qui peuvent être changés, quand ils deviennent dangereux pour les libertés publiques. » C'étaient les principes du

Contrat social. On se prépara à la guerre avec ardeur et l'on élut pour généralissime le colonel Washington, un des plus riches propriétaires de la province de Virginie, qui aux talents d'un habile capitaine joignait les qualités d'un grand citoyen. Les insurgés, ou comme on disait alors les *insurgents*, soutinrent bravement la lutte ; ils chassèrent les Anglais de Boston, capitale des treize provinces, et forcèrent un corps de cinq mille hommes à capituler à Saratoga, sur les bords de l'Hudson (1777).

Les premières déclarations des Américains avaient excité en France les sympathies les plus chaleureuses. Nos philosophes et nos écrivains, alors tout puissants sur l'opinion, voyaient dans leurs hommes d'État des disciples qui mettaient en pratique les principes professés par eux avec tant d'éloquence. Ils applaudissaient à leurs efforts, ils célébraient leurs succès avec exagération. La France, disaient-ils, avait protégé la liberté naissante en Hollande ; il n'y aurait pas moins de gloire à tendre la main à la première république du nouveau monde. On leur fit passer secrètement de l'argent, des armes, des munitions, et une foule de volontaires allèrent, sur les pas du jeune marquis de La Fayette, leur offrir leur épée et leurs services. L'arrivée de Franklin, célèbre inventeur du paratonnerre, envoyé des insurgents, et la nouvelle de la victoire de Saratoga portèrent à son comble l'enthousiasme général pour les Américains. On s'écria que le moment était venu de laver la honte du traité de Paris et de rendre à nos armes l'éclat que leur avait enlevé la fin ignominieuse du dernier règne. Le timide Louis XVI redoutait la guerre et surtout il ne voulait pas être l'agresseur. Cependant il finit par céder à l'opinion publique. Il reconnut l'indépendance des États-Unis ; il signa avec eux un traité de commerce, et l'on y ajouta une alliance offensive et défensive, si l'Angleterre commençait la première les hostilités contre la France. Dès que le roi George III apprit le traité de commerce, il rappela son ambassadeur, et la rupture éclata (1778).

La première rencontre eut lieu sur mer à l'ouest de l'île d'Ouessant. Le comte d'Orvilliers, sorti de Brest avec trente-deux vaisseaux, ayant rencontré l'amiral Keppel, égal en nombre, non loin des côtes de Bretagne, les deux flottes se battirent toute une journée et se séparèrent pour aller se radouber. Cette action indécise fut considérée par la France comme une victoire pour sa marine renaissante, et comme une défaite par l'Angleterre depuis longtemps accoutumée à triompher sur mer. Les Anglais se consolèrent en capturant nos navires de commerce, que la marine royale dédaignait de protéger.

L'Espagne, pleine de confiance dans le succès de la lutte et poussée par le désir de recouvrer Gibraltar, Minorque et la Floride, se joignit à la France. Les deux flottes réunies, composées de soixante-dix vaisseaux et portant quarante mille hommes de débarquement, se dirigèrent vers les côtes d'Angleterre, et rentrèrent dans leurs ports après une vaine promenade sur l'Océan et la Manche. La plupart de nos amiraux n'avaient que de la bravoure. En Amérique, le comte d'Estaing battit l'amiral Byron et s'empara de Saint-Vincent et de la Grenade ; mais il essuya un rude échec devant la ville de Savannah, sur les côtes de la Géorgie (1779).

L'année suivante, l'Angleterre vit se former contre

elle, entre la Russie, la Suède, le Danemark, la Prusse et la Hollande, une ligue appelée *neutralité armée*, qui avait pour but de protéger le commerce maritime des neutres. Les Anglais arrêtaient tous les navires frétés pour nos ports, « attendu que tous les ports de France étaient naturellement bloqués par les flottes d'Angleterre ; » ils prétendaient avoir le droit de visiter tous les vaisseaux qu'ils rencontraient sur mer, sous prétexte qu'ils pouvaient porter de la contre-bande de guerre, et ils appelaient contrebande de guerre toute marchandise servant à la marine. Les alliés soutenaient que le pavillon couvre la marchandise, et qu'un convoi de commerce, escorté par un vaisseau de guerre, doit être exempt de visite. L'Angleterre se vengea sur la Hollande, dont le commerce et les colonies lui offraient une proie riche et facile, et elle l'attaqua, selon sa coutume, sans déclaration de guerre.

La France, encouragée par les sympathies des neutres, fit de nouveaux efforts. Elle envoya aux Américains un corps de six mille hommes, commandés par le comte de Rochambeau, général distingué, qui devait se mettre sous les ordres de Washington ; elle y ajouta un grand convoi d'armes et de munitions et seize millions en argent, et fit partir une puissante flotte pour les Antilles. Le comte de Guichen, un de nos meilleurs amiraux, y livra trois batailles acharnées à l'habile Rodney et sut balancer la fortune (1780). Après son départ, Rodney se dédommagea aux dépens des Hollandais ; il s'empara de l'île de Saint-Eustache et y fit un immense butin qu'il envoya en Angleterre. Lamotte-Piquet, un de nos plus braves marins, vengea les malheureux habitants de Saint-

Eustache, dont les dépouilles ne firent que changer de mains ; il enleva vingt bâtiments et dispersa le reste.

L'année 1781 fut glorieuse pour les alliés. Le marquis de Bouillé reprit Saint-Eustache, qui fut rendue à la Hollande, et enleva aux Anglais les îles de la Dominique, de Tabago et de Saint-Christophe. Sur le continent américain, Washington, Rochambeau et La Fayette parvinrent à cerner le général Cornwallis dans York-Town et le réduisirent à capituler avec un corps de huit mille hommes. En Europe, le duc de Crillon, au service de l'Espagne, termina la campagne par la conquête de l'île de Minorque.

Nos établissements des Indes, restés sans défense par la coupable négligence de Sartine, ministre de la marine, étaient tombés au pouvoir des Anglais. On y envoya une escadre de onze vaisseaux, sous les ordres du bailli de Suffren, chevalier de Malte, le plus grand homme de mer qu'eût alors la France. Sans avoir dans ces parages ni ports ni magasins, Suffren y fut invincible. En seize mois, il livra cinq batailles savantes et longtemps disputées à l'amiral Hughes, son digne rival, qui ne put l'empêcher de reprendre Trinquemale, le meilleur port de l'île hollandaise de Ceylan (1782).

En Amérique, le comte de Grasse, bon capitaine, mais amiral incapable, avait été chargé d'attaquer la Jamaïque, la plus belle des Antilles anglaises. Pour sauver un vaisseau resté en arrière, il se laissa attirer au combat par Rodney, près de l'île de Saintes, entre la Guadeloupe et la Dominique, et essuya une sanglante défaite. Il perdit trois mille hommes et dix vaisseaux et fut fait prisonnier.

Les alliés éprouvèrent un autre revers devant Gibraltar. Cette place, bloquée depuis trois ans par quarante vaisseaux et foudroyée par une artillerie formidable, semblait devoir succomber, lorsque des boulets rouges, partis des remparts, mirent le feu à une batterie flottante. L'incendie se communiqua de vaisseau en vaisseau et le détroit offrit le spectacle d'un vaste embrasement. Il fallut lever ce siége, qui avait coûté d'immenses sacrifices.

Traité de Versailles (1783). — Cependant les deux partis étaient également fatigués de la guerre. En Angleterre, le ministère tory étant tombé, les whigs ouvrirent des négociations, et la paix fut signée à Versailles. L'Angleterre reconnut l'indépendance des États-Unis. En échange de quelques îles qui lui furent restituées dans les Antilles, elle rendit à la France ses comptoirs de l'Inde, lui céda l'île de Tabago, les îlots de Saint-Pierre et Miquelon, relâche pour la pêche de la morue, le Sénégal et l'île de Gorée, en Afrique, et consentit à laisser relever les fortifications de Dunkerque. L'Espagne conserva l'île de Minorque et la Floride orientale. La Hollande, qui n'avait éprouvé que des revers, perdit la forte place de Negapatam, sur la côte de Coromandel.

Trois ans après la paix de Versailles, la France et l'Angleterre signèrent un traité de commerce qui, pour la première fois, permit d'importer les marchandises d'un pays dans l'autre, moyennant un droit de douane proportionné à leur valeur (1786).

Embarras des finances (1781-1783). — Cependant les finances étaient devenues plus que jamais, depuis la guerre d'Amérique, l'écueil contre lequel devaient se heurter tous les ministres. Après la retraite de Necker, deux conseillers d'État incapables,

Joly de Fleury, agréable conteur d'anecdotes, et d'Ormesson, honnête homme, qui accepta le fardeau par obéissance, s'étaient succédé au contrôle général, et n'avaient su faire que des emprunts onéreux, augmenter les impôts et vendre des places inutiles.

C'est sous le ministère de Joly de Fleury que fut rendue la fatale ordonnance sur les promotions dans l'armée. Les grades d'officiers étaient en général réservés aux nobles; mais comme on était peu sévère sur les preuves de noblesse, quelques roturiers parvenaient à obtenir l'avancement dû à leurs services. En 1781, la noblesse fit des réclamations; elle représenta qu'elle ne pouvait suivre que la carrière des armes, et se plaignit que cette carrière fût obstruée par des parvenus. Louis XVI, qui ne savait rien refuser aux importunités des courtisans, fit rendre une ordonnance qui exigeait, pour être officier, quatre degrés de noblesse attestés par un certificat du généalogiste de la cour. Les fils des magistrats, des avocats, des médecins, des riches propriétaires, ne purent plus servir que comme simples soldats ou sous-officiers. C'était une insulte à la bourgeoisie et à l'armée, qui la ressentirent vivement et dont l'irritation éclata dès les premiers jours de la révolution.

Calonne, contrôleur général (1783-1787). — Une intrigue de cour porta au contrôle des finances Calonne, intendant de Lille, protégé du jeune comte d'Artois. C'était un homme d'un esprit brillant, d'un travail facile, mais sans scrupule, dissipateur, libertin, criblé de dettes. Il disait qu'il ne se serait jamais chargé des finances publiques sans le mauvais état des siennes. Il agit en charlatan. Un homme qui veut emprunter, disait-il, doit paraître riche, éblouir par ses

dépenses. Et il se mit à acheter, à dépenser, à pro-
diguer les places, les sinécures, les pensions, les faveurs pécuniaires. « Quand je vis tout le monde tendre la main, disait le comte d'Artois, je tendis mon
chapeau. » Et il fit payer ses dettes, qui se montaient à
quatorze millions. En 1785, les acquits de comptant
s'élevèrent à la somme énorme de cent trente-six millions. A la mort de Louis XV, les frais des bureaux du
contrôle coûtaient 300,000 livres; Calonne les porta à
trois millions. Plusieurs grands seigneurs obérés dési-
raient vendre des terres ; il en acheta pour soixante-dix
millions. La reine voulut le château de Saint-Cloud,
qui appartenait au duc d'Orléans; le roi le paya seize
millions et le lui offrit. Jamais ministre ne fut plus
adulé, plus béni, plus exalté par les courtisans; ils
l'appelaient le ministre modèle, un enchanteur qui
ramenait l'âge d'or.

Lorsqu'il eut épuisé toutes les ressources de l'impôt
et de l'emprunt, Calonne fit comme l'enfant prodi-
gue : il voulut se convertir. Il dressa, avec les idées
de Turgot et de Necker, un plan de réformes qui
devaient guérir tous les maux de l'État et remplir le
trésor. Il proposa au roi d'abolir les priviléges pécuniaires, les sinécures, les exemptions injustes, d'augmenter la taxe du timbre, de supprimer les douanes
intérieures, de remplacer la taille et la corvée par
une subvention territoriale répartie sur tous les biens-
fonds, nobles et roturiers, et d'établir des assemblées
provinciales qui serviraient de guide et d'appui au
gouvernement. Louis XVI goûta peu ces projets.
« Mais c'est du Necker tout pur que vous me donnez
là, lui dit-il. — Sire, répondit Calonne, dans l'état
des choses, on ne peut rien vous offrir de mieux. »

Il persuada au roi que c'était le seul moyen de rétablir les finances et de soulager le peuple, et le roi finit par tout approuver.

Il était moins facile de persuader le parlement, ennemi de toute innovation. Pour vaincre sa résistance, Calonne eut l'idée de convoquer à Versailles une assemblée des notables. Il croyait que les notables approuveraient ses plans et que le parlement n'oserait pas refuser d'enregistrer des mesures appuyées par les hommes les plus considérables du royaume. La plupart des notables, choisis par le roi ou plutôt par le ministre, appartenaient à la noblesse ou au clergé; sur cent quarante-quatre membres, six ou sept à peine étaient roturiers. Il fallait être bien aveugle pour s'imaginer qu'une assemblée de privilégiés voulût contribuer à l'abolition des priviléges.

Les notables reconnurent en principe la justice de l'impôt territorial; mais avant de l'approuver, ils demandèrent à connaître l'état des recettes et des dépenses et l'étendue du déficit, pour voir s'il n'y aurait pas un moyen de rétablir l'équilibre sans imposer les terres de la noblesse et du clergé. Calonne avoua un déficit annuel de cent millions, et ajouta que le roi les consultait, non sur l'établissement de nouveaux impôts, mais sur la meilleure manière de les répartir et de les lever. Ce singulier raisonnement, qui fut peu du goût des notables, donna lieu à une foule de plaisanteries. L'histoire a conservé le dialogue entre un fermier et des poulets assemblés dans sa basse-cour. « A quelle sauce voulez-vous qu'on vous mange? — Mais nous ne voulons pas qu'on nous mange. — Vous changez l'état de la question. » Les notables ne voulaient pas être mangés ni même taxés. Deux ministres encourageaient sous main leur opposition. On représenta au roi que l'assemblée en voulait moins aux projets du contrôleur qu'à sa personne, et que son renvoi rendrait tous les esprits dociles. Louis XVI céda comme à l'ordinaire, et Calonne fut congédié.

Marie-Antoinette. — C'est du renvoi de Calonne que date l'influence que la reine prit sur les affaires de l'État et qui devait être si fatale. Marie-Antoinette, qui avait d'abord charmé la capitale par sa jeunesse, ses grâces, sa beauté, n'avait pas longtemps joui de la faveur populaire. A son arrivée en France, elle avait eu le malheur de trouver contre elle les ennemis du duc de Choiseul, qui avait négocié son mariage, et tous les adversaires de l'alliance autrichienne, principale cause de nos humiliants revers dans la guerre de Sept Ans. A leur tête étaient le duc d'Aiguillon, qui lui attribuait sa disgrâce, et le duc de Chartres, depuis duc d'Orléans, mal vu à la cour à cause de ses débauches, qui lui imputait son peu de crédit et qui lui avait juré une haine implacable. Parmi ses ennemis secrets étaient les ministres Maurepas et Vergennes, qui craignaient qu'elle ne fît rappeler au pouvoir le duc de Choiseul.

Marie-Antoinette ne donnait que trop de prise à la malignité. Son éducation avait été si négligée, qu'elle n'avait jamais lu un livre d'histoire et qu'elle ne pouvait supporter une lecture sérieuse. Mariée, à quinze ans, à un jeune prince maussade, elle resta seule sans guide, sans expérience, au milieu d'une cour corrompue, dont elle ne connaissait pas les mœurs. Sa légèreté, ses étourderies, ses imprudences, fournirent des armes à ses ennemis. Son désir de plaire lui attira des hommages insultants. Habituée à la simplicité bourgeoise qui régnait à la cour de Vienne depuis l'avénement de la maison de Lorraine, elle s'ennuya bientôt de l'étiquette sévère, minutieuse, qui s'observait à Versailles, même dans les appartements intérieurs du palais, qui faisait du souverain une espèce d'idole pour les courtisans et qui était pour lui un dur esclavage. Elle s'en affranchit trop. On la voyait se promener à pied la nuit sur la terrasse de Versailles et dans les parcs de Trianon et de Saint-Cloud, et se mêler dans la foule à la faveur d'un déguisement. Un soir, elle se rendit au bal de l'Opéra, accompagnée d'une seule de ses dames. Un accident étant arrivé à sa voiture, elle descendit et monta dans un fiacre. Le lendemain elle trouva piquant de raconter cette aventure. La méchanceté s'empara de sa conduite : on l'accusa d'oublier la majesté de la couronne, de mépriser les coutumes françaises et d'être restée autrichienne. On transforma ses goûts en passions, ses étourderies en crimes; on calomnia ses mœurs, on tourna le roi en ridicule. La corruption des hautes classes faisait ajouter foi aux bruits les plus injurieux sur le compte d'une femme. Ainsi commença ce système de hideuse diffamation qui devait poursuivre la reine jusque sur l'échafaud.

Marie-Antoinette cherchait dans les charmes de la vie privée les délassements de la grandeur. Elle s'était fait une société peu nombreuse, où l'on remarquait la princesse de Lamballe, de la maison de Savoie, veuve, à dix-huit ans, du fils unique du duc de Penthièvre, fils du comte de Toulouse; et la comtesse de Polignac, jeune femme distinguée par sa beauté, sa grâce et d'aimables qualités. A sa demande on rétablit, pour la princesse de Lamballe, la charge coûteuse et inutile de surintendante de sa maison; le comte de Polignac fut créé duc et nommé son premier écuyer et surintendant des postes; le comte de Gramont fut créé duc de Guiche et nommé capitaine des gardes; le comte d'Adhémar, homme frivole et incapable, obtint l'ambassade de Londres. La reine trouvait, dans le cercle des Polignac, des gens qui ne songeaient qu'à pousser leur fortune; plusieurs lui déplaisaient; elle le dit un jour à son amie. « Parce que Votre Majesté veut bien venir dans mon salon, lui répondit madame de Polignac, ce n'est pas une raison pour qu'elle prétende en exclure mes amis. » Ces paroles montrent qu'une révolution s'était opérée chez les courtisans. Ceux qui n'étaient pas admis dans la *société de la reine* traitaient ses amitiés d'odieux favoritisme, et disaient qu'elle disposait de toutes les places. Quand les ministres refusaient un solliciteur, ils donnaient pour prétexte que la reine leur avait imposé un de ses protégés. Ainsi allait croissant le nombre des ennemis et des calomniateurs de Marie-Antoinette.

On reprochait surtout à la reine de sacrifier les intérêts de la France à ceux de l'Autriche. En vertu du traité qui existait entre les deux puissances, l'Autriche pouvait, en cas de guerre, réclamer quinze millions ou vingt-quatre mille hommes. En 1778, l'empereur étant en guerre contre la Prusse, le ministère français aima mieux payer les quinze millions. On dit que c'était la reine qui envoyait notre argent à son frère. En 1785, Joseph II ayant cherché querelle à la Hollande, la France offrit sa médiation et parvint, en payant une partie de l'indemnité réclamée par l'Empereur, à faire éviter une guerre où elle aurait dû prendre part. Ce n'étaient que quatre millions et demi, et Louis XVI s'assurait l'alliance de la Hollande, si longtemps le satellite de l'Angleterre. On s'écria encore que la reine livrait à son frère les trésors de la France. Ces calomnies l'affligeaient profondément. « On me représente comme une étrangère, écrivait-elle ; c'est indigne, toutes mes actions prouvent que je fais mon devoir et que mon devoir est mon plaisir. »

Procès du collier (1785).—Un événement scandaleux vint accroître les préjugés populaires contre la reine. Au nombre des prélats qui déshonoraient le clergé était le cardinal de Rohan, évêque de Strasbourg et grand aumônier de France, homme perdu de dettes malgré ses immenses revenus, qui affichait l'irréligion et le libertinage le plus éhonté. Pendant son ambassade de Vienne, il avait osé parler à Marie-Thérèse de la légèreté de Marie-Antoinette, qui depuis l'avait toujours éloigné de sa personne et ne lui avait plus adressé la parole. Ce prélat ambitieux, qui aspirait à devenir premier ministre, désirait beaucoup rentrer en grâce.

Dans son intimité vivait une intrigante sans mœurs, nommée madame de Lamotte-Valois, se disant descendante de Henri II, et femme d'un aventurier, ancien gendarme de la garde, qui portait le titre de comte. Elle fit accroire au cardinal qu'elle voyait fréquemment la reine et qu'elle avait l'espoir d'obtenir son pardon ; et elle lui montrait des lettres fabriquées par un faussaire qui contrefaisait adroitement l'écriture de Marie-Antoinette. Un jour, elle lui dit que la reine lui accordait un entretien secret la nuit dans le parc de Versailles. Le crédule cardinal se rendit au lieu indiqué. Une fille voilée, persuadée qu'on voulait s'amuser d'une mystification, joua le rôle de la reine, à qui elle ressemblait de visage et de tournure. En l'abordant, le cardinal lui présenta une rose et se jeta à ses pieds. La comtesse de Lamotte accourut. « Madame et madame la comtesse d'Artois viennent de ce côté, » leur dit-elle. Ils se séparèrent et s'enfuirent.

Quelques jours après, madame de Lamotte pria le cardinal de prêter à la reine une somme de 60,000 fr., sous prétexte de charité; il la donna. Elle lui en demanda bientôt une autre de 100,000 francs, et il la donna encore. Cette stupide crédulité encouragea l'audace de l'avide intrigante. Deux joailliers avaient fait un superbe collier de diamants, estimé plus d'un million et demi, et destiné d'abord à la comtesse du Barry. Ils le proposèrent au roi et à la reine, qui le refusèrent en disant qu'ils avaient plus besoin de vaisseaux que de diamants. Ils revinrent à la charge auprès de Marie-Antoinette, qui finit par leur défendre de lui en parler jamais.

La comtesse de Lamotte résolut d'escroquer le collier. Elle persuada au cardinal de Rohan que la reine le désirait vivement et qu'elle le priait de l'acheter en secret pour elle, en prenant différents termes pour le payer. Il demanda une preuve écrite des sentiments de la reine. On lui montra une lettre signée *Marie-Antoinette de France*. Le faussaire qui l'avait faite ne savait pas sans doute que les reines et les princes ne signent que leur nom de baptême, et qu'une archiduchesse d'Autriche surtout n'aurait pas ajouté *de France* à sa signature. Le cardinal aurait dû le savoir. Il aurait dû comprendre aussi que la reine ne pourrait pas porter un collier refusé par le roi et acheté en secret, et qu'elle ne chargerait pas d'une pareille commission un homme à qui depuis plus de huit ans elle n'avait pas adressé la parole. Aveuglé par une présomption insensée, il crut tout. Il acheta le collier et le remit à l'intrigante qui se hâta de le dépecer, et son mari courut vendre les diamants et les pierres en Angleterre et en Hollande. Cette audacieuse voleuse se flattait que le cardinal, en découvrant la vérité, n'oserait pas dévoiler la honte de ses liaisons et le rôle de dupe stupide qu'il avait joué, et qu'il se résignerait à payer le collier.

A la première échéance, le cardinal se trouva hors d'état de payer. Les bijoutiers, menacés de faire faillite, exposèrent leur situation à la reine dans une lettre respectueuse. On peut juger de son étonnement et de son indignation. Le cardinal fut mandé devant le roi et la reine et il comprit alors toute la folie de sa conduite. « Sire, dit-il, j'ai été trompé, je payerai le collier. Je demande pardon à Vos Majestés. » Il eût été sage d'étouffer le scandale à tout prix. Malheureusement on écouta les conseils du baron de Breteuil, ministre de la maison du roi, et ennemi du cardinal, qui ne vit là qu'une sûre occasion de le perdre.

Le jour de l'Assomption, le cardinal de Rohan fut arrêté en habits pontificaux dans le palais de Versailles et envoyé à la Bastille. La puissante famille de Rohan, les Condé, alliés aux Rohan, la noblesse, le clergé, traitèrent cette arrestation d'attentat contre le rang d'un prince et contre les priviléges d'un cardinal, et ils se déchaînèrent contre l'autorité et surtout contre la reine. Quant au cardinal, il eut l'impudence de soutenir qu'il avait eu un rendez-vous avec la reine dans un bosquet du parc de Versailles et qu'il

avait obtenu son assentiment verbal pour l'acquisition
du collier. Le parlement lui fit son procès et l'ac-
quitta. Il ne voulut pas même flétrir d'un blâme cette
crédulité imbécile qui ressemblait à une complicité
dans l'escroquerie du collier, ni le tort très-répré-
hensible d'avoir accepté en secret, sans l'autorisation
du roi, l'importante commission que la reine était
censée lui avoir donnée. La magistrature cherchait
moins à préparer un triomphe au cardinal qu'à hu-
milier la cour. La reine en fut outrée. « Quoi ! écrivit-
elle à une de ses sœurs, un homme qui a pu avoir
l'audace de se prêter à cette sotte et infâme scène du
bosquet, qui a supposé qu'il avait un rendez-vous de
la reine de France, de la femme de son roi, que la
reine avait reçu de lui une rose et avait souffert qu'il
se jetât à ses pieds, ne serait pas un criminel de lèse-
majesté? Ce serait seulement un homme qui s'est
trompé ! C'est odieux et révoltant. » Telle était l'im-
popularité de cette malheureuse princesse, que l'o-
pinion publique applaudit à l'arrêt du parlement,
comme si un grand citoyen avait échappé à une injuste
condamnation. Le roi ayant exilé le cardinal de Rohan
dans son abbaye de la Chaise-Dieu, en Auvergne, on
se récria contre cette peine infligée à un homme déclaré innocent.

Le même arrêt condamnait le comte de Lamotte,
contumace, aux galères à perpétuité, le faussaire Vil-
lette au bannissement et la comtesse de Lamotte au
fouet, à la marque et à la réclusion perpétuelle dans
la maison de force de la Salpêtrière. Au bout de deux
ans, cette femme s'évada et publia à Londres un
libelle atroce contre la reine.

Ministère de Loménie de Brienne (1787 - 1788). —

Il semble qu'une princesse aussi indignement mé-
connue dût éprouver peu de goût pour le pouvoir.
C'est le contraire qui arriva. Marie-Antoinette, poussée par sa société intime qui voulait par elle obtenir
des faveurs et du crédit, se laissa persuader qu'elle
devait soutenir la faiblesse du roi, et elle prit une
part directe aux affaires publiques. Après le renvoi
de Calonne, trompée par l'abbé de Vermond, son
ancien précepteur, dangereux intrigant, elle recommanda au roi Loménie de Brienne, archevêque de
Toulouse, dont on lui avait vanté les talents et l'influence sur l'assemblée des notables. Louis XVI éprouvait une vive répugnance pour ce prélat incrédule et
débauché; néanmoins il se laissa arracher sa nomination.

On ne tarda pas à s'apercevoir que le nouveau contrôleur n'avait rien à substituer aux projets de son
prédécesseur, qu'il avait amèrement critiqués. De
leur côté, les notables trouvaient des inconvénients
à tous les nouveaux impôts, et les rejetaient les uns
après les autres sans rien proposer. Ils finirent par
déclarer qu'ils s'en rapportaient à la sagesse du roi,
si le gouvernement était obligé de demander à la nation de nouveaux sacrifices, et ils se séparèrent. Cette
assemblée montra qu'il n'y avait rien à attendre d'une
noblesse égoïste, ni d'un gouvernement faible qui
promettait sans cesse de soulager le peuple et qui ne
faisait rien.

Le roi, économe pour lui-même, consentit sans peine
à réformer sa maison et celles de la reine et de ses
frères. On congédia une foule de serviteurs, on supprima les gros traitements, on diminua les pensions.
Les grands seigneurs s'écrièrent qu'on les dépouillait

de leurs propriétés. « Il est affreux, disait-on, de vivre
dans un pays où l'on n'est pas sûr de posséder le lendemain ce qu'on avait la veille. Cela ne se voit qu'en
Turquie. » Le duc de Coigny parla vivement au roi,
qui chercha à l'apaiser, au lieu de lui imposer silence. « Nous nous sommes fâchés, le duc de Coigny
et moi, dit Louis XVI; mais je crois qu'il m'aurait
battu que je le lui aurais passé. »

Débarrassé des notables, le contrôleur eut à compter avec le parlement, qui se montra plus difficile. Il
enregistra sans opposition les édits sur l'abolition de
la corvée et des douanes intérieures et sur les assemblées provinciales ; mais il rejeta les édits sur le timbre et sur la subvention territoriale, et déclara qu'aux
états généraux seuls appartenait le droit d'établir de
nouveaux impôts. Le roi fit enregistrer les édits dans
un lit de justice. Le parlement déclara cet enregistrement nul et illégal; il fut exilé à Troyes (14 août
1787). Les autres parlements prirent parti pour les
exilés; ils demandèrent leur rappel et la convocation
des états généraux, et soufflèrent dans tout le royaume
le mécontentement et l'irritation. Le parlement défendait des abus et repoussait des mesures justes et
favorables au peuple. Cependant l'opinion publique
se déclara pour le parlement. Des pamphlets violents
attaquèrent le ministre et n'épargnèrent pas la reine,
sa protectrice, qu'on appelait irrévérencieusement
madame Déficit.

Le parlement se fatigua bientôt de son exil. Le ministère, de son côté, désirait mettre fin à ces misérables débats. On négocia. Le ministère offrit de retirer
les édits du timbre et de la subvention territoriale ;
et le parlement, qui avait proclamé son incompétence

en matière d'impôts, accorda la levée d'un second
vingtième pour deux ans (octobre 1787). Les deux
partis s'avilissaient; le plus avili était le gouvernement, parce qu'il faisait les plus grandes concessions.

La bonne intelligence ne dura pas longtemps.
Comme les impôts ne suffisaient pas aux besoins du
gouvernement, Brienne présenta au parlement un
édit pour un emprunt de 420 millions, qui devait
être réalisé en cinq ans; et pour obtenir l'enregistrement, il promit de convoquer les états généraux avant
l'expiration des cinq ans. Il se flattait, une fois l'édit
enregistré, de trouver quelque moyen d'éluder sa promesse. Il rencontra une opposition insurmontable, et
le ministère fut obligé d'avoir recours à une séance
royale pour faire enregistrer l'édit par autorité. Le
duc d'Orléans protesta. « Sire, dit-il en balbutiant,
cet enregistrement me paraît illégal. — Si, c'est légal,
parce que je le veux », répondit le roi. Le parlement
déclara qu'il entendait ne prendre aucune part à
l'enregistrement de l'édit. Le duc d'Orléans fut exilé
dans sa terre de Villers-Cotterets. Il s'ennuya bientôt
d'être éloigné des compagnons de ses débauches ; il
écrivit à la reine une lettre de repentir et fit demander son rappel par sa vertueuse épouse, qui n'eut pas
de peine à l'obtenir. On commençait toujours par la
violence et l'on finissait par la faiblesse.

C'est cette faiblesse du pouvoir qui encourageait les
résistances. Le parlement ne laissait échapper aucune
occasion d'embarrasser la marche du gouvernement,
même quand on proposait les mesures les plus justes.
A cette époque, les curés tenaient les registres de
l'état civil et refusaient de célébrer les mariages des
protestants, qui ne pouvaient se marier que devant

leurs pasteurs; mais ces unions n'étaient pas reconnues par la loi, et la naissance des enfants était considérée comme illégitime. Pour plaire à l'opinion publique, le ministère fit un édit de tolérance qui, sans
rendre aux protestants la liberté du culte, leur donnait le moyen de constater leurs mariages, leurs naissances et leurs décès. Cet édit ne fut enregistré qu'après une violente opposition (1787).

Quelque temps après, le ministère ordonna une vérification de la valeur des propriétés, afin de répartir
d'une manière équitable l'impôt des deux vingtièmes.
Jusqu'alors on s'en était rapporté à la déclaration des
propriétaires nobles. Le parlement, dont les membres
étaient nobles, combattit vivement cette mesure, et
n'eut pas honte de proclamer ce singulier principe
qu'un propriétaire a le droit de décider ce que payeront ses domaines. Un conseiller, nommé d'Espréménil, orateur brillant, mais vaniteux, déclamateur,
qui avait amèrement critiqué l'édit de tolérance, se fit
remarquer par la violence de ses discours. Il fut arrêté
en pleine séance et envoyé aux îles Sainte-Marguerite.

Le ministère, poussé à bout par une opposition
qui rendait tout gouvernement impossible, résolut de
la briser par un coup d'État. Il enleva au parlement
de Paris l'enregistrement des lois pour le transférer à
un conseil nouveau, appelé *Cour plénière*, et le jugement de toutes les causes au-dessous de 20,000 francs
qui fut déféré à quarante-sept tribunaux inférieurs
appelés grands *bailliages*, et siégeant dans différentes
villes. Il supprima plusieurs chambres et réduisit à
soixante-seize le nombre des magistrats. Le parlement
fut mandé à Versailles; le roi fit enregistrer les édits
dans un lit de justice, et défendit aux magistrats de

s'assembler avant l'organisation des grands bailliages. Le roi sorti, tous les membres présents protestèrent contre ce qui venait de se passer.

A la nouvelle du coup d'État, tous les parlements du royaume prirent parti pour celui de Paris, et la noblesse se joignit aux parlements. Des troubles violents éclatèrent en Bretagne, en Dauphiné et dans plusieurs autres provinces. Louis XVI, qui jugeait ses actes d'après ses intentions, fut désespéré de se voir si méconnu par son peuple, et tomba dans un profond découragement. Quant à Brienne, il conservait toute la sécurité d'une aveugle présomption. « J'ai tout prévu, disait-il, même la guerre civile. »

Ce ministre inepte se flatta que le clergé serait plus traitable et lui accorderait un secours pécuniaire. Il convoqua une assemblée des grands dignitaires de l'Église et leur exposa la détresse du Trésor. Les prélats, ses collègues, critiquèrent beaucoup ses innovations et ne lui accordèrent rien. Le ministre se borna à solliciter un don de dix-huit cent mille francs, et il eut beaucoup de peine à l'obtenir. A l'exemple de la noblesse et des parlements, le clergé demanda la convocation des états généraux. Les insensés appelaient la foudre qui devait les consumer tous.

Devant cette résistance générale, Brienne céda tout ce qu'on demandait. Il fit déclarer par un arrêt du conseil que le roi révoquait ses édits contre le parlement de Paris et convoquait les états généraux pour le 1er mai 1789. En attendant, il fallait pourvoir aux besoins les plus urgents. Le ministre eut recours aux expédients les plus coupables : il s'empara des épargnes de la caisse des Invalides et du produit d'une souscription destinée à secourir les victimes d'une grêle épouvantable, et fit déclarer qu'à l'avenir l'État payerait l'intérêt de la dette, trois cinquièmes en argent et deux cinquièmes en papier. On crut voir renaître le papier-monnaie de Law, avant-coureur de la banqueroute, et l'effroi devint général. Brienne se reconnut enfin incapable de tenir tête à l'orage; il conseilla au roi de rendre à Necker l'administration des finances, et il quitta le pouvoir comme une victime qui s'immole à l'intérêt de l'État. Pour dédommager ce ministre « sacrifié par la brigue des cours et par l'esprit factieux de la nation, » disait la reine, on lui fit donner le chapeau de cardinal et une coupe de bois de neuf cent mille francs pour payer ses dettes, bien qu'il eût un revenu de 680,000 francs en bénéfices ecclésiastiques; en outre, on lui accorda une place à la cour pour une de ses nièces, un régiment pour un de ses neveux, et pour un autre neveu, la coadjutorerie du riche archevêché de Sens, où il venait de se faire nommer. Le peuple éclata en murmures contre le roi et surtout contre la reine, protectrice aveugle de ce prélat méprisable, à qui elle avait envoyé son portrait enrichi de diamants. C'était braver la haine publique.

Second ministère de Necker (1788). — Le premier acte du nouveau ministre fut de révoquer les édits de Brienne et de rappeler le parlement, qui reprit ses fonctions. La joie générale éclata en démonstrations si violentes, qu'elles dégénérèrent en attroupements séditieux, où l'on vit le duc d'Orléans commencer son rôle de courtisan de la populace, et qu'on ne put disperser que par la force. Il y eut des morts, et ce premier sang versé dans Paris, à la veille de la convocation des états généraux, dont on se promettait une ère de bonheur, causa une triste et profonde impression.

Necker ne trouva au trésor que cinq cent mille francs. Ses talents et sa probité inspiraient de la confiance : les effets publics montèrent rapidement de trente pour cent, des capitalistes et des corporations firent des avances, il prêta lui-même deux millions, et, sans imposer de nouvelles charges, il sut pourvoir aux besoins ordinaires du service et consacrer 70 millions en achats de grains et en secours de toute espèce, pour aider le peuple à passer le rigoureux hiver de 1789.

RÉVOLUTION.

(1789)

Convocation des états généraux (1789). — Le roi avait annoncé la convocation des états généraux pour le 1er mai, et le parlement enregistra l'édit en ajoutant qu'on suivrait la forme adoptée pour les états de 1614. Or, dans cette dernière assemblée, chaque ordre avait nommé un nombre égal de députés, délibéré et voté dans une salle séparée. Il est vrai que, dans d'autres assemblées, le tiers avait eu autant de députés que la noblesse et le clergé réunis. En 1789, il ne s'agissait plus de ce qui avait été, mais de ce qui devait être. Le tiers état avait grandi en nombre, en richesses, en lumières, en puissance, et il avait le sentiment de sa force. Il voulait un nombre de députés égal à celui de la noblesse et du clergé, la réunion des trois ordres dans la même salle et le vote par tête. C'était le seul moyen de vaincre la résistance des classes privilégiées et d'opérer les réformes dont les hommes éclairés, nobles, prêtres et roturiers, sentaient la nécessité. Le haut clergé, la noblesse et le parlement s'opposaient à cette innovation ; ils ne voulaient pas admettre que 25 millions de roturiers eussent le même nombre de députés que 500,000 prêtres ou nobles, y compris les femmes et les enfants.

Deuxième assemblée des notables (1788).— Un grand ministre aurait fait résoudre cette question par le pouvoir. Malheureusement Necker, si habile financier, était un homme d'État médiocre. Avide de popularité, il ne songeait qu'à se ménager entre le tiers et les ordres privilégiés. Pour éviter de se compromettre, il eut recours aux notables de Calonne et leur soumit la solution de la difficulté. Les notables se déclarèrent naturellement pour les formes anciennes, c'est-à-dire pour le maintien des priviléges et des abus. Cette déclaration, qu'il était facile de prévoir, excita une vive fermentation ; elle montra au peuple qu'on n'obtiendrait rien que par la force. Le roi, irrité contre les privilégiés, qui faisaient échouer tous ses projets, attendait plus de docilité du tiers état ; il rendit un décret qui lui accordait la double représentation, et qui réglait la manière de procéder dans les élections. Tous les contribuables, réunis en assemblées primaires, devaient nommer les électeurs qui éliraient ensuite les membres des états généraux. Le nombre des députés fut fixé à douze cents, dont six cents pour le tiers et trois cents pour chacun des ordres privilégiés. Si le roi s'était déclaré aussi pour la réunion des trois ordres et pour le vote par tête, comme il le fit plus tard en ordonnant à la noblesse d'aller se réunir au tiers état, il aurait épargné de funestes débats qui jetèrent l'irritation dans les esprits. Malheureusement il laissa ces deux questions indécises.

La convocation des états généraux donna lieu à une foule de brochures, la plupart pleines de vagues déclamations. Selon les avocats de la noblesse, les états généraux auraient dû combler le déficit des finances, payer les dettes de l'État et se séparer. A leurs yeux, réformer les abus, c'était attaquer la propriété et détruire la monarchie. Necker lui-même soutenait dans un *Rapport* que « les prérogatives seigneuriales étaient une propriété aussi respectable qu'aucune autre. » C'était confondre la propriété de droit naturel avec la propriété privilégiée, possédée par les uns aux dépens des autres. Les idées des écrivains du tiers état n'étaient guère plus sages. Dans leur ignorance des choses pratiques, ils voulaient tout détruire, tout refaire, et remplacer par des règles simples et uniformes les coutumes compliquées et variées de l'ancienne société, sans avoir égard aux droits acquis, aux intérêts, aux mœurs, aux passions. La plus célèbre de ces brochures fut écrite par l'abbé Sieyès, vicaire général de l'évêque de Chartres, qu'on a surnommé le métaphysicien de la révolution. « Qu'est-ce que le tiers ? demandait Sieyès. — Tout. — Qu'a-t-il été jusqu'à présent dans l'ordre politique? — Rien. — Que demande-t-il ? — A y devenir quelque chose. » C'était moins la vérité que l'expression des idées de l'époque. Le tiers seul n'était pas tout; il était déjà quelque chose, et il voulait être tout. N'eût-il pas été plus sage de se contenter d'être l'égal des deux autres ordres, dépouillés de leurs priviléges ?

Les élections se firent au milieu d'une agitation fièvreuse. En Bretagne, la noblesse, exaspérée de la double représentation du tiers, refusa de nommer des députés et priva son ordre de vingt-et-une voix ;

le haut clergé l'imita, et ses dix représentants furent remplacés par dix curés. En Provence, les nobles protestèrent aussi contre la double représentation et chassèrent de leurs séances le comte de Mirabeau, qui la défendait. Mirabeau se présenta aux électeurs du tiers état, qui l'élurent avec acclamations à Aix et à Marseille.

Mirabeau. — Le comte de Mirabeau, fils du marquis de Mirabeau, économiste distingué, qui s'appelait l'*ami des hommes*, et qui était le tyran de sa famille, avait eu une jeunesse orageuse et avait été enfermé dans différentes prisons en vertu de lettres de cachet obtenues par son père. C'est là qu'il puisa cette haine du despotisme et cet amour de la liberté qui inspirèrent son éloquence. Mirabeau aurait été un orateur et un homme d'État accompli, s'il eût été vertueux. Aucun de ses contemporains ne l'égalait en génie, en bon sens, en lumières, en instruction politique; aucun n'était plus capable de guider le vaisseau de la France dans les mers inconnues où il allait s'engager. Malheureusement il était décrié pour ses vices, ses procès scandaleux, ses ouvrages cyniques, et des actes honteux que le besoin d'argent lui avait fait commettre. Il inspirait un sentiment d'horreur à la cour, à la noblesse et au clergé.

Cahiers des États. — Chaque réunion électorale donna à ses députés des instructions écrites, où elle exprimait ses plaintes et ses vœux; c'est ce qu'on appela les cahiers des États. Le clergé et la noblesse demandaient, avant tout, la conservation de la plupart de leurs priviléges. Cependant la noblesse autorisait ses députés à renoncer à l'exemption d'impôts et même aux droits féodaux, moyennant une indemnité.

Le tiers état réclamait la convocation régulière des assemblées nationales pour voter les impôts, contrôler les dépenses et faire les lois, qui devraient être sanctionnées par le roi ; l'abolition des priviléges personnels et pécuniaires, des juridictions seigneuriales, des douanes intérieures, de la vénalité des charges, des maîtrises et des autres monopoles industriels, et le remplacement de la taille, de la gabelle et des corvées par un impôt territorial et mobilier. Il demandait, en outre, la liberté individuelle et religieuse, la liberté de la presse, l'égalité devant la loi, l'admissibilité de tous les citoyens aux emplois civils et militaires, l'adoucissement des lois pénales et l'unité de la législation civile et criminelle. Il n'y avait là rien de bien effrayant.

Fatale inaction du ministère. — Un ministre habile aurait dû choisir dans les cahiers les réformes les plus sages et les plus pratiques, les soumettre à l'assemblée, et lui présenter un plan général pour couvrir le déficit annuel de cent quarante millions, somme facile à réaliser dans un pays tel que la France. Il aurait obtenu l'appui de tous les hommes modérés, alors en majorité. La noblesse, dévouée à la royauté, aurait fait sans doute par obéissance de nouvelles concessions, puisqu'elle consentit plus tard à se réunir au tiers, et qu'elle sacrifia tous ses priviléges dans la nuit du 4 août, et elle n'aurait pas débuté par cette résistance obstinée qui provoqua des haines si acharnées et amena une si effroyable catastrophe. La royauté se serait rendue populaire et aurait probablement fait accepter au tiers une réforme modérée.

Les bons conseils ne manquèrent pas au gouvernement. Dès 1788, Malesherbes avait adressé au roi un mémoire, où il indiquait ce qu'il avait à faire. Avant l'ouverture de l'assemblée, les hommes les plus capables, Mirabeau, Mounier, Malouet, conseillèrent au ministre de prendre l'initiative des changements à faire, afin d'éviter les discussions irritantes. « Faites décider par le roi la question du vote par tête et de l'unité de l'assemblée, lui dit Malouet, et présentez les bases d'une constitution conforme aux vœux de la majorité des cahiers du tiers. » Necker resta sourd à tous les conseils. Il s'imaginait que les ordres privilégiés et le tiers état, après quelques luttes, l'inviteraient de guerre lasse à leur servir d'arbitre, et qu'il aurait la gloire de dénouer le nœud gordien, tandis que, s'il proposait des réformes, il courait le risque de les voir blâmer par le roi et les classes privilégiées comme excessives, et par le tiers état comme insuffisantes. Pour ne pas compromettre son crédit et sa popularité, il ne fit rien. Cette fatale inaction du pouvoir encouragea la résistance de la noblesse et indisposa le tiers état, qui considéra la royauté comme hostile à la révolution, ne vit plus devant lui que des ennemis, et appela à son aide la multitude. La révolution devint une bataille où la force brutale décida de la victoire. Suivons la marche des événements.

Quelques jours avant l'ouverture des états généraux, une violente émeute ensanglanta Paris. On fit répandre le bruit mensonger qu'un riche fabricant de papiers peints, nommé Réveillon, avait dit qu'un ouvrier peut vivre avec quinze sous par jour. Le faubourg Saint-Antoine s'ameuta et la maison de Réveillon fut saccagée par six mille bandits. La troupe, envoyée

pour rétablir l'ordre, fut d'abord repoussée et se vit
obligée de faire usage de ses armes; 200 à 300
émeutiers restèrent sur la place. On trouva dans leurs
poches des pièces de six francs. Le duc d'Orléans fut
soupçonné d'avoir fait distribuer cet argent. L'autorité commença des poursuites, mais elle ne tarda pas
à les abandonner, et cette impunité encouragea les
émeutiers à venir.

Ouverture des états généraux (1789). — Enfin l'ouverture des états généraux, si impatiemment attendue,
eut lieu à Versailles le 5 mai 1789. On avait eu la
fatale idée de déterminer des costumes, brillants pour
les nobles, simples pour les roturiers, qui se ressentaient de l'époque où la noblesse et le tiers différaient
entre eux comme les blancs diffèrent des nègres dans
les pays à esclaves. Les nobles avaient des habits éclatants d'or, un chapeau à plumes, une riche épée au
côté; les membres du tiers avaient un habit et un
manteau de laine noire, un chapeau rabattu, et ne
portaient point d'épée. Ce fut une énorme maladresse.
Dans la première séance, le roi prononça quelques
paroles paternelles, et exprima ses vœux pour le bonheur de la nation. Le discours de Necker, qui dura
trois heures, n'était qu'un long rapport financier, hérissé de détails obscurs et entremêlé de quelques
pages de morale déplacée. Il finit en engageant les
députés à chercher les moyens de fonder la prospérité du royaume, et leur promit de la part du roi
la plus généreuse assistance. Le roi sortit salué par
les acclamations unanimes de tous les spectateurs.

Le lendemain, les deux premiers ordres se réunirent dans des salles séparées; le tiers se rendit dans
la salle où avait eu lieu la séance d'ouverture. La pre-

mière question à résoudre était de procéder à la vérification des pouvoirs de chaque député ; c'était une question importante, puisque la vérification en commun devait amener la réunion des trois ordres dans la même salle et le vote par tête, et assurer la majorité au tiers état. Aussi la noblesse et le clergé décidèrent que chaque ordre vérifierait séparément les pouvoirs de ses députés, tandis que le tiers déclara qu'il ne ferait rien pour se constituer avant la réunion des trois ordres dans la même salle. Cinq semaines se perdirent en vaines et irritantes négociations. La reine et les courtisans encourageaient la résistance de la noblesse. « Ne cédez rien, lui disaient-ils, multipliez les obstacles. » Insensés qui attisaient le feu, au lieu de chercher à l'éteindre !

Assemblée nationale (11 juin) — Enfin le 11 juin, le tiers état, à bout de patience, vérifia seul les pouvoirs de ses députés. Cinq jours après, il prit le nom d'*Assemblée nationale* ; et, pour prévenir une dissolution, il déclara illégale toute levée d'impôts, si l'assemblée venait à être dissoute. C'était supprimer tacitement les deux premiers ordres, puisqu'on se passait d'eux, et appeler le pays à résister par la force à la perception des taxes.

Serment du jeu de paume (20 juin). — La cour, irritée de ce qu'elle appelait la conduite factieuse du tiers, conseilla au roi de dissoudre les états généraux. Louis XVI, ennemi de toute mesure violente, s'y refusa ; il résolut de tenir une séance royale, d'y annoncer les concessions qu'il voulait accorder, et d'indiquer les rapports à établir entre les trois ordres. Cette séance fut fixée au 23 juin ; et sous prétexte de préparatifs à faire, on fit fermer la salle du tiers état. On aurait dû prévenir à temps les députés, on ne le fit pas.

Le 20 juin, les députés du tiers trouvèrent la porte de leur salle fermée et gardée par des soldats, et le bruit se répandit que la séance royale n'était qu'un prétexte pour dissoudre l'assemblée. Les députés cherchèrent un autre local pour se réunir et se rendirent dans un jeu de paume. Là, sur la proposition de Mounier, un des hommes les plus sages, ils prêtèrent serment de ne pas se séparer avant d'avoir donné à la France une constitution écrite. C'était enlever au roi le droit de dissoudre l'assemblée ; mais cette illégalité était nécessaire, si l'on voulait sauver la liberté. Le lendemain, cent quarante-neuf députés du clergé et quarante-sept de la noblesse allèrent se réunir à l'assemblée nationale.

Séance royale. — Le 23 juin, eut lieu avec un grand appareil militaire la séance royale annoncée. Necker l'avait conseillée, pour relever l'influence du roi et lui faire prendre la direction de l'assemblée. Il avait rédigé un discours modéré, où il promettait la délibération en commun et le vote par tête. La reine et la cour firent modifier ce discours à son insu, et il refusa d'accompagner le roi, afin de ne pas avoir l'air d'approuver des idées qui n'étaient pas les siennes ; il aima mieux compromettre la couronne que sa popularité. On fit une autre faute, ce fut de faire attendre le tiers à la porte de la salle malgré la pluie, pendant que les députés de la noblesse et du clergé prenaient leurs places. « L'étiquette, dit le grand maître des cérémonies, ne permettant pas que le tiers état fût introduit avant que les deux premiers ordres fussent placés. » C'était bien d'étiquette qu'alors il s'agissait ! Dans son discours, le roi parla comme s'il eût tenu un lit de justice : il signifia qu'on devait respecter les priviléges antiques des trois ordres, leur séparation en trois chambres, les droits seigneuriaux et les dîmes ecclésiastiques, et il annonça un grand nombre des réformes désirées ; mais il ne les promit pas toutes, et il les accordait comme des bienfaits, tandis qu'on les réclamait comme des droits. Il cassa comme illégales toutes les décisions prises par le tiers, et dit en finissant : « Je vous ordonne de vous séparer tout de suite et de vous rendre demain matin chacun dans les chambres affectées à votre ordre. » C'était commander ce qu'il ne pouvait pas imposer. Ce discours produisit une fâcheuse impression ; on l'écouta dans un morne silence. Le roi rentra au palais, triste et abattu.

Après son départ, la noblesse et le clergé se retirèrent. Les membres de l'Assemblée nationale restèrent à leur place, calmes et silencieux. Bientôt parut le marquis de Brézé, grand-maître des cérémonies : « Messieurs, dit-il, vous avez entendu les ordres du roi. — Monsieur, lui répondit Mirabeau, nous avons entendu les intentions qu'on a suggérées au roi. Si l'on vous a chargé de nous faire sortir, il faut demander qu'on vous en donne les moyens. Allez dire à ceux qui vous envoient que nous sommes ici par la volonté du peuple, et qu'on ne nous en arrachera que par la force des baïonnettes. » L'abbé Sieyès ajouta : « Vous êtes aujourd'hui ce que vous étiez hier. Délibérons. » Le soir venu, l'assemblée se sépara, après avoir proclamé l'inviolabilité de ses membres, et déclaré coupable de trahison et passible de la peine de mort quiconque arrêterait un député.

Réunion des trois ordres (27 juin). — Le lendemain,

le roi, oubliant sa déclaration de la veille, fit inviter les membres de la noblesse et du clergé à se réunir au tiers état. La noblesse fit des représentations sur les dangers que la réunion ferait courir à la monarchie, et offrit de mourir pour la défendre. C'était moins la monarchie, que les ordres privilégiés, qui étaient menacés. Au lieu d'offrir sa vie, il eût mieux valu sacrifier ses priviléges et se joindre aux hommes sages pour diriger la révolution et opérer les réformes nécessaires et inévitables. Le roi répondit à la noblesse : « Je ne veux pas qu'un seul homme périsse pour ma querelle. Je vous prie de vous réunir aux deux autres ordres ; si ce n'est pas assez, je vous l'ordonne comme votre roi. » La noblesse et le clergé obéirent. Le tiers, de son côté, se montra généreux. L'assemblée s'étant divisée en trente bureaux pour travailler à la constitution, on choisit tous les présidents parmi les nobles et les ecclésiastiques, et l'archevêque de Vienne fut nommé président de l'assemblée.

Renvoi de Necker (11 juillet). — La joie causée par cette réconciliation fut de courte durée. Le roi se repentit d'avoir consenti à la réunion des ordres, et il fit venir des troupes à Versailles et à Paris. Le palais se remplit de généraux, de colonels, d'aides de camp, dont les allées et les venues continuelles avaient un air de mystère et de confiance. De jeunes officiers se permettaient des propos inconsidérés, des menaces contre l'assemblée. On parlait de dissolution, d'arrestations, du massacre des députés. L'assemblée fit prier le roi d'éloigner les troupes, dont la présence effrayait les esprits. Il répondit sèchement que les troupes étaient nécessaires pour protéger l'ordre public menacé. Le lendemain, il congédia Necker, qu'il accusait de l'échec de la séance royale, et lui ordonna de sortir secrètement du royaume. Garder les troupes, dont l'asemblée demandait l'éloignement, et renvoyer Necker, en qui elle avait confiance, c'était jeter un double défi et faire douter de la loyauté du roi. L'assemblée déclara solennellement que « Necker emportait son estime et ses regrets, et que les conseillers du roi, de quelque rang qu'ils pussent être, étaient responsables des malheurs présents et à venir. » On désignait la reine, qu'on dénonçait ainsi à la haine du peuple.

Insurrection à Paris. Garde nationale. — Le renvoi de Necker fut le signal d'une insurrection à Paris. Les révolutionnaires les plus ardents se réunissaient dans le jardin du Palais-Royal, que le duc d'Orléans avait ouvert au public. Deux avocats d'une immoralité cynique, nommés Danton et Camille Desmoulins, s'y faisaient remarquer par la violence de leurs discours et de leurs menaces. « Citoyens, s'écria Camille Desmoulins un pistolet à la main, le renvoi de Necker est le tocsin d'une Saint-Barthélemy des patriotes. Ce soir même tous les bataillons suisses et allemands sortiront du Champ-de-Mars pour nous égorger. Il ne nous reste plus qu'une ressource, c'est de courir aux armes. Arborons une cocarde. » Il détache une feuille d'arbre et la met à son chapeau. En un instant les arbres sont dépouillés, et la cocarde verte devient le signe du ralliement. On va prendre dans un salon de cire les bustes de Necker et du duc d'Orléans, on les couvre d'un crêpe noir et on les promène dans les rues en poussant des cris de fureur. Le baron de Besenval, commandant militaire de Paris, avait réuni des régiments suisses et allemands sur la place Louis XV. Comme on lui avait recommandé d'éviter une lutte avec la population, il les fit replier les uns vers Saint-Denis, les autres vers le Champ-de-Mars. On semblait prendre plaisir à irriter le peuple pour le laisser ensuite exercer ses vengeances. Après le départ des troupes, des bandes de brigands démolirent les barrières et saccagèrent le couvent de Saint-Lazare et le garde-meuble de la couronne.

Paris étant livré à lui-même, la municipalité se voyait impuissante à réprimer les factieux et les malfaiteurs et à protéger la sûreté publique. Les électeurs des soixante districts de la ville s'assemblèrent dans la salle de leurs réunions et décidèrent la formation d'une milice bourgeoise de 30,000 hommes, appelée *garde nationale,* et on lui donna pour signe de ralliement une cocarde rouge et bleu, couleurs de la capitale. Un comité permanent fut installé à l'Hôtel-de-Ville et chargé de veiller nuit et jour.

Prise de la Bastille (14 juillet). — A peine formée, la garde nationale demanda des armes. Flesselles, prévôt des marchands, promit des fusils, mais n'en donna point; il ne voulait que gagner du temps. Douze cents gardes françaises, en révolte ouverte contre leurs officiers, amenèrent leurs canons. On alla prendre vingt autres pièces de canon et 28,000 fusils à l'hôtel des Invalides. Alors on demanda au comité permanent l'ordre d'attaquer la Bastille, dont les canons menaçaient la ville. Le comité hésitait. « A la Bastille! à la Bastille! » s'écria la foule. On se précipita vers cette odieuse forteresse, dont la vue rappelait tous les excès de la tyrannie. A la tête des assaillants marchaient trois cents gardes françaises et trois cents ouvriers bien armés, commandés par deux officiers, nommés Elie et Hullin. Il est peu de faits racontés de manières plus différentes que la prise de la Bastille. Après une lutte de plusieurs heures, où périrent une centaine de combattants, le gouverneur de Launay consentit à capituler, en demandant la vie sauve pour lui et pour la garnison, composée de deux cents hommes. Elie la lui promit, foi d'officier.

Dès que le combat eut cessé, une multitude furieuse se précipita dans la forteresse en poussant des cris de mort contre les vaincus. Des hommes de sang qui n'avaient pas combattu voulaient tout égorger. Les gardes françaises parvinrent à sauver les soldats de la garnison. Elie et Hullin firent en vain des efforts désespérés pour protéger les officiers. On leur arracha le gouverneur et le major, qui furent massacrés; et deux canonniers, accusés d'avoir tiré, furent pendus à la corde d'un réverbère sur la place de l'Hôtel-de-Ville. Flesselles, prévôt des marchands, avait amusé le peuple par des promesses. On s'écria que c'était un traître, on le saisit, et un jeune homme le tua d'un coup de pistolet. Ensuite on coupa la tête des cinq victimes et on les promena sur des piques dans toute la ville. Parmi les spectateurs, les uns étaient saisis d'horreur, d'autres saluaient les brigands; des femmes leur jetaient des fleurs.

A Versailles, la prise de la Bastille fut un coup de foudre pour la cour. On n'osa pas en parler au roi, qui se coucha sans en être informé. Le duc de la Rochefoucault, grand seigneur libéral, prit sur lui de le réveiller et il lui raconta les événements de Paris. « C'est donc une révolte! dit Louis XVI. — Sire, dit le duc, c'est une révolution. »

Au matin, il y eut conseil. Les uns proposèrent de réduire Paris par la force, les autres de se retirer à Metz avec les troupes restées fidèles. C'était la guerre civile. L'idée de verser du sang faisait horreur à Louis XVI; il aima mieux tout accorder, persuadé que cette concession calmerait les passions et lui ramènerait les cœurs.

A midi, il se rendit à l'assemblée, suivi de ses deux frères, sans gardes, sans appareil. « Messieurs, dit-il, on a osé répandre les bruits les plus coupables et dire que vous n'êtes pas en sûreté. Eh bien ! c'est moi qui me fie à vous. Aidez-moi à sauver l'État. J'ai donné ordre aux troupes de s'éloigner de Paris et de Versailles, et je vous invite à faire connaître mes dispositions à la capitale. » Ces paroles excitèrent des transports de joie ; et lorsque le roi sortit, l'assemblée entière l'accompagna jusqu'à son palais, au milieu des cris de Vive le roi ! poussés par tous les spectateurs (15 juillet).

Le lendemain, une députation de l'assemblée partit pour Paris et annonça aux électeurs réunis à l'Hôtel-de-Ville que le roi autorisait la formation de la garde nationale. « Eh bien ! s'écria-t-on, que La Fayette en soit le général, et que M. Bailly soit maire de Paris. » Tous deux acceptèrent. Au rouge et au bleu de la cocarde La Fayette ajouta le blanc, couleur de la France et de la royauté. « C'est une cocarde qui fera le tour du monde, » dit-il. Le comte de Lally-Tollendal, fils du malheureux général Lally, un des membres de la députation, fit un éloge éloquent des vertus et des bonnes intentions du roi. « Nous voulons le voir, s'écria-t-on, et nous assurer nous-mêmes de ses sentiments. »

De retour à Versailles, la députation conseilla au roi d'accéder aux désirs des Parisiens, pour leur montrer que, de sa part, la réconciliation et la confiance étaient complètes. Louis XVI, aussi bon que faible, consentit à tout. Il se prépara à ce voyage comme à la mort et il partit sans gardes, accompagné de cent membres de l'Assemblée nationale. Il fut reçu à la porte de la ville par Bailly, le nouveau maire, qui lui présenta les clefs. « Ce sont les mêmes qui furent présentées à Henri IV, dit-il ; il avait reconquis son peuple ; ici c'est le peuple qui a reconquis son roi. » Bailly ne voyait dans ces paroles qu'une spirituelle antithèse. C'était un outrage, puisqu'il traitait le roi en vaincu. Louis XVI se rendit à l'Hôtel-de-Ville au milieu d'une foule pressée, armée de fusils, de piques, de haches, et criant : « Vive la nation ! » Il mit à son chapeau la cocarde de la garde nationale et se montra sur un balcon à la foule qui couvrait la place et les toits des maisons voisines. Bailly parla et pria le roi de dire lui-même quelque chose. Telle était son invincible timidité, qu'il ne put prononcer que ces mots : « Vous pouvez toujours compter sur mon amour. » On souffre de voir tant de nullité jointe à tant de courage et de bonté. Louis XVI sortit de Paris et fut accompagné jusqu'à Sèvres par plus de 100,000 personnes criant cette fois : « Vive le roi ! »

Première émigration (17 juillet). — Les conseillers des mesures violentes apprirent que leurs noms étaient affichés au Palais-Royal sur des listes de proscription. Le comte d'Artois, les princes de Condé et de Conti, les Polignac et quelques autres s'effrayèrent et quittèrent la France. Ce fut la première émigration. Il eût été plus courageux et plus habile de rester pour défendre le roi et la monarchie que d'aller exciter les étrangers contre leur patrie et donner prétexte à de terribles vengeances. Quelques courtisans avaient la naïveté de croire que le départ des princes serait une punition pour la capitale. « Paris, disait l'un d'eux, ne pourra jamais s'accoutumer à l'absence de monseigneur le comte d'Artois. » Est-il possible de pousser plus loin l'ignorance de l'état des esprits et l'aveuglement ?

Assassinats. Incendie des châteaux. — Cependant le voyage du roi n'avait pas désarmé toutes les haines. Le Palais-Royal continuait d'être le théâtre des motions les plus furibondes et la presse démagogique prêchait ouvertement le pillage et l'assassinat. On désignait des victimes au fer des brigands. Un ancien administrateur des armées, nommé Foulon, vieillard de soixante-quatorze ans, odieux au peuple pour avoir conseillé la banqueroute, fut faussement accusé d'avoir dit, à propos des émeutes causées par la disette : « Si la canaille n'a pas de pain, qu'on lui donne du foin. » Il fut arrêté près de Fontainebleau, et mené à Paris, une poignée d'orties à sa boutonnière et une botte de foin sur le dos. Arrivé sur la place de Grève, des furieux le saisirent et le pendirent à une lanterne, en vociférant ce hideux refrain :

> Ça ira, ça ira, ça ira,
> Les aristocrat' à la lanterne !
> Ça ira, ça ira, ça ira,
> Les aristocrat' on les pendra.

Le soir de cet assassinat, Bertier, gendre de Foulon et intendant de Paris, arrêté à Compiègne, fut ramené dans la capitale. On lui reprochait d'avoir fait distribuer aux troupes de la poudre et des cartouches. Des scélérats l'arrachèrent à son escorte et le traînèrent vers la lanterne. Il saisit un fusil et se mit à frapper ses bourreaux; il succomba sous le nombre et fut massacré avec des circonstances qui font horreur.

Lorsqu'on fit à l'Assemblée nationale le récit de ces crimes, il se trouva des hommes pour défendre les assassins. « Ce sang est-il donc si pur ? » s'écria le jeune Barnave. Paroles cruelles qui lui causèrent les plus vifs remords pendant le reste de sa courte carrière. « Pauvre peuple, dit Robespierre, qui parlait pour la première fois, voudrait-on te punir d'avoir souffert si longtemps et de t'être vengé un seul jour ? » L'assemblée se montra moins préoccupée des excès populaires que des dangers que pouvait courir la cause de la révolution. Elle se contenta de faire une proclamation pour inviter au maintien de l'ordre et de la tranquillité publique.

Le crime impuni se propagea dans les provinces. A Caen, une jeune officier, nommé Belzunce, fut égorgé et déchiré par ses meurtriers. Strasbourg se vit un moment au pouvoir d'une soldatesque effrénée et d'une bande de brigands. Il y eut des émeutes dans d'autres villes et le sang coula. En même temps des émissaires parcouraient les campagnes criant : « Guerre aux châteaux ! paix aux chaumières ! » et montrant cet ordre imprimé : « Le roi ordonne de brûler tous les châteaux; il ne veut que le sien. » Les paysans, qui avaient plus souffert des excès de l'ancien régime que les autres classes, attaquèrent partout les châteaux, les incendièrent et souvent massacrèrent les propriétaires. C'étaient les fureurs de la Jacquerie.

Nuit du 4 août. — Il est triste de dire qu'il ne fallut rien moins que ces incendies et ces assassinats pour amener la noblesse à faire des sacrifices. Le 4 août, dans la séance du soir, le vicomte de Noailles en prit l'initiative. « Nous n'avons qu'un moyen d'arrêter les terribles effets de l'aveugle furie du peuple, dit-il, c'est de satisfaire promptement à tous ses griefs et de l'affranchir des restes d'une longue oppression. » Et il propose sans rachat l'abolition de toutes les servitudes personnelles, et avec rachat celle de tous les droits seigneuriaux ; le duc d'Aiguillon propose celle des droits féodaux. Le marquis de Foucault, gentilhomme de province, attaque les gros traitements des seigneurs de la cour. Le vicomte de Beauharnais réclame l'admissibilité de tous les citoyens aux emplois civils et militaires. Un magistrat demande la suppression de la vénalité des charges ; un autre député, celle des maîtrises et des jurandes ; l'évêque de Chartres, celle du droit de chasse, ruineux pour les paysans et les fermiers. — « Ah ! il nous ôte la chasse, s'écrie le duc du Châtelet, je vais lui ôter ses dîmes. » Et il propose que les dîmes soient déclarées rachetables. Chacun cherche quel sacrifice il pourra offrir. Enfin l'assemblée mit un terme à cette fièvre de générosité, qui fit disparaître en quelques heures toutes les servitudes sur les personnes et sur les propriétés. Elle se hâta de faire dresser la liste de toutes ces motions qui furent adoptées ; et, sur la proposition de Lally-Tollendal, elle décerna au roi le titre de *Restaurateur de la liberté.* Telle fut cette fameuse nuit du 4 août, que la noblesse appela la *nuit des sacri-*

fices ; d'autres l'appelèrent la *nuit des dupes*, la *Saint-Barthélemy des propriétés*. Quel malheur que ces sacrifices n'eussent pas été faits dès l'ouverture des états généraux ! Les démagogues n'y virent qu'un triomphe ; ils s'écrièrent que la peur seule avait fait plier la noblesse, et ils ne doutèrent plus de tout obtenir en faisant peur aux royalistes.

Lorsque l'assemblée discuta la rédaction des actes de la nuit du 4 août, elle dépassa les motions qui avaient été faites. On avait déclaré rachetables les droits seigneuriaux et féodaux et les dîmes ecclésiastiques. On en proposa l'abolition sans indemnité. Mounier défendit en vain le rachat. « Ces redevances, dit-il, se vendent et s'achètent depuis des siècles, comme toute propriété. Les abolir sans indemnité, c'est ruiner des familles entières. » L'abbé Sieyès ne fut pas plus heureux dans la défense du rachat des dîmes. Il eut beau montrer que c'était un présent de 70 millions (il aurait pu dire 130) fait aux propriétaires et que les pauvres n'en profiteraient pas ; la motion fut adoptée. « Ils veulent être libres, dit Sieyès, et ils ne savent pas être justes. » L'assemblée se rendit en corps chez le roi pour lui présenter tous ces décrets ; il répondit qu'avant de les sanctionner, il voulait en faire une étude sérieuse.

Constitution : Droits de l'homme, Chambre législative, Veto suspensif. — Ensuite on s'occupa de la nouvelle constitution. A l'exemple des Américains, on voulut la faire précéder d'une déclaration des droits de l'homme, qui était réclamée par la plupart des cahiers. Malouet montra le danger d'appeler l'attention du peuple sur ses droits, dont les agitateurs pourraient se servir pour l'égarer ; et l'abbé Grégoire demanda d'ajouter à la déclaration des droits la déclaration des devoirs de l'homme envers ses semblables, envers le gouvernement et la société. On ne l'écouta pas. Il eût été plus sage de ne rédiger la déclaration des droits qu'après avoir terminé la constitution, pour mettre cette déclaration d'accord avec les lois encore inconnues, puisque les droits naturels sont modifiés par le droit écrit, selon les temps, les lieux, les circonstances. Une vieille société aristocratique, comme l'était la société française, ne peut pas avoir les mêmes lois qu'une jeune société de colons américains démocrates.

Quant à l'organisation du pouvoir politique, on décida qu'il y aurait une Assemblée législative permanente. Mais serait-elle unique ou divisée en deux chambres? De violents débats s'élevèrent sur cette importante question. Lally-Tollendal, Malouet, Mounier démontrèrent avec éloquence les dangers d'une seule chambre. Leurs efforts furent inutiles, et une immense majorité de 849 voix contre 89, se déclara pour une seule chambre. La noblesse aurait bien accepté une chambre des pairs, si elle n'eût été composée que de prélats et de nobles; mais son orgueil ne voulait pas d'un sénat accessible aux hommes du tiers état. Le tiers, de son côté, repoussait une chambre haute, qui lui paraissait trop aristocratique.

Restait une autre question non moins importante. Cette chambre ferait-elle seule les lois, ou bien la sanction royale serait-elle nécessaire, et le roi aurait-il le droit de *veto*, c'est-à-dire le droit de sanctionner ou de repousser les lois adoptées par l'assemblée? Mirabeau soutint admirablement le droit de *veto*

absolu et prononça un de ses meilleurs discours :
« J'aimerais mieux, dit-il, vivre à Constantinople
qu'en France, si l'on pouvait faire des lois sans la
sanction royale. » Il semblait prévoir les décrets
sanguinaires de la Convention. Toute son éloquence
échoua. On adopta le *veto* suspensif seulement pour
deux législatures, c'est-à-dire que l'on reconnut au
roi le droit de refuser sa sanction à une loi deux fois
adoptée par l'Assemblée législative; à la troisième
adoption, il devait céder. On déclara, à l'unanimité ,
la personne du roi inviolable et le trône héréditaire,
à l'exclusion des femmes. Ces principes, rédigés en
dix-neuf articles, furent présentés à la sanction de
Louis XVI. Il proposa des modifications à quelques
articles et aux décrets du 4 août, et il ajouta qu'il ne
sanctionnerait la déclaration des droits de l'homme
qu'après avoir vu terminer la constitution. « Cette
déclaration, dit-il, renferme des principes suscepti-
bles d'interprétations différentes, qui ne peuvent être
bien appréciées qu'au moment où leur véritable sens
sera fixé par les lois auxquelles la déclaration servira
de base. »

Dans un temps ordinaire, ces scrupules auraient
paru légitimes. Au milieu de la fermentation des esprits, le refus du roi irrita l'assemblée. Elle déclara
qu'elle suspendrait ses travaux jusqu'à ce qu'il eût
sanctionné les décrets purement et simplement. Singulière inconséquence ! On avait reconnu au roi le droit
de *veto* suspensif, et, à la première occasion, on lui
refusait le droit d'en faire usage; on ne lui permettait
pas même de demander des éclaircissements, d'adresser des observations. C'était anéantir l'autorité royale.
Beaucoup de députés craignaient de déplaire aux

démagogues de Paris, qui les accusaient de faire une constitution trop monarchique. Les courtisans du peuple se montraient lâches comme les courtisans des rois.

Repas des Gardes du Corps (1er octobre). — A Paris, la crainte de la famine ajoutait à la fermentation des esprits. L'hiver avait été d'une rigueur sans exemple, et la récolte insuffisante. Le gouvernement avait fait de grands achats de grains ; mais les troubles civils étaient un obstacle au transport des denrées et des provisions. On ne recevait qu'au jour le jour des farines pour faire du pain. La peur de mourir de faim faisait accueillir les bruits les plus absurdes. Le peuple répétait le mot de *veto* sans le comprendre : les uns le prenaient pour un impôt ruineux, les autres pour un ennemi qu'il fallait mettre à la lanterne. Les meneurs du Palais-Royal disaient qu'avec le *veto* le roi pouvait arrêter l'arrivée des vivres et affamer la capitale ; ils se répandaient en malédictions contre le roi et la reine, et ils inventaient toute sorte de complots que la conduite de la cour semblait accréditer. A la demande de la municipalité de Versailles, qui craignait pour la sûreté de la ville, le roi fit venir le régiment de Flandre, et les gardes du corps donnèrent, selon l'usage, un banquet aux officiers. On y échangea de vives protestations de fidélité au roi. Louis XVI, la reine et le dauphin descendirent dans la salle du banquet, et leur présence porta l'exaltation à son comble. Les musiciens jouèrent l'air de Grétry : « O Richard ! ô mon roi ! l'univers t'abandonne. » On distribua des cocardes blanches, on foula aux pieds la cocarde tricolore.

Journées des 5 et 6 octobre. Le roi et l'assemblée à

Paris. — A la nouvelle de ce qu'on appela l'orgie des gardes du corps, les démagogues de Paris s'écrièrent que c'était le prélude d'un complot pour dissoudre l'assemblée, conduire le roi à Metz au milieu de l'armée de Bouillé, et de là marcher contre la capitale. « C'est la cour qui nous affame, disait-on ; il n'y a qu'un moyen d'avoir du pain, c'est d'aller chercher le roi à Versailles et de l'amener à Paris. A Versailles ! à Versailles ! »

Le 5 octobre, à neuf heures du matin, une troupe de 7,000 à 8,000 femmes et hommes déguisés en femmes, armés de piques, de fusils, de pistolets, prirent la route de Versailles. A leur tête marchait un des égorgeurs de la Bastille, nommé Maillard. Aussitôt après leur départ, on battit la générale dans Paris, et la garde nationale s'assembla sur la place de l'Hôtel-de-Ville. Tous demandaient à se rendre à Versailles pour prévenir des crimes ou pour amener le roi à Paris. Ce ne fut qu'à cinq heures du soir que la municipalité donna ordre à La Fayette de se mettre en marche.

Les femmes et les brigands étaient arrivés à Versailles en criant : « Du pain ! du pain ! mort à l'Autrichienne ! » C'était surtout à la reine qu'ils en voulaient. On lui conseilla de partir. « Si les Parisiens viennent ici pour m'assassiner, dit-elle, c'est aux pieds de mon mari que je le serai ; mais je ne fuirai pas. » L'alarme régnait au palais. Le roi fit fermer les portes ; mais il défendit aux gardes du corps de faire usage de leurs armes. « Je ne veux pas, dit-il, qu'il périsse un seul homme pour ma cause. » L'assemblée, croyant que le refus de sanctionner les décrets était la cause de l'émeute, lui envoya une députation pour le supplier d'accorder sa sanction. Il y consentit.

A onze heures du soir, La Fayette arriva avec la garde nationale. Il se rendit à l'assemblée, qu'il trouva envahie par les femmes et qu'il délivra; puis il courut au palais pour rassurer le roi. « Je supplie Votre Majesté de se reposer entièrement sur mes soins, dit-il; je réponds de tout. » Il fut accueilli avec froideur. Il chargea quelques compagnies de veiller à la sûreté extérieure du palais; l'intérieur resta confié aux gardes du corps. A trois heures, La Fayette, exténué de fatigue, se retira pour prendre un peu de repos. Les émeutiers veillèrent, errant sur la place, dans les rues, rôdant autour du palais. A cinq heures et demie du matin, ils trouvèrent ouverte une grille de la cour des Princes; ils entrèrent. Au bas du grand escalier qui conduisait aux appartements de la reine étaient deux gardes du corps en sentinelle; ils furent massacrés. D'autres gardes accoururent et se firent tuer en combattant. Les assassins proféraient des cris de mort contre la reine. Avertie par une de ses femmes, Marie-Antoinette se réfugia demi-nue dans l'appartement du roi.

Enfin, La Fayette parut. Il sauva dix-sept gardes du corps qu'on allait pendre à des réverbères et fit évacuer l'intérieur du château par ces bandes furieuses. La multitude qui s'agitait dans la cour de Marbre demandait à voir le roi. Il parut au balcon. « A Paris! à Paris! » lui cria-t-on. Il fit un signe d'assentiment, On demanda la reine. Elle se présenta sur le balcon entre son fils et sa fille. « Pas d'enfants! » lui cria-t-on. Elle crut qu'on voulait tirer sur elle. Sans changer de visage, elle reparut seule au balcon, comme si elle allait à la mort. La Fayette se plaça à côté d'elle ; et, pour montrer que la réconciliation était parfaite entre la révolution et la royauté, il lui baisa respectueusement la main. Cette fois la foule s'écria : « Vive la reine ! »

A midi, la famille royale quitta ce brillant palais de Versailles, qu'elle ne devait plus revoir, et se mit en route pour Paris. L'Assemblée nationale déclara qu'elle était inséparable du roi et nomma cent membres pour l'accompagner. Le cortége était précédé des brigands, portant sur des piques les têtes des gardes du corps et hurlant le refrain du Ça ira. Les femmes entouraient la voiture et disaient : « Maintenant nous aurons du pain ; nous amenons le boulanger, la boulangère et le mitron. » Le roi s'installa aux Tuileries, sous la surveillance de la garde nationale.

Le Châtelet, tribunal de la prévôté de Paris, commença une enquête sur les crimes de ces horribles journées des 5 et 6 octobre, et des magistrats se rendirent aux Tuileries pour recevoir la déposition de la reine. « J'ai tout vu, j'ai tout su, j'ai tout oublié, » répondit Marie-Antoinette. Le tribunal demanda à l'assemblée l'autorisation de poursuivre le duc d'Orléans et Mirabeau, qui paraissaient compromis ; il ne put l'obtenir, et l'enquête en resta là. On accusait le duc d'Orléans d'être l'auteur du complot. Au moment du danger, il devait, dit-on, se présenter au roi et à la reine et offrir de les sauver, à condition qu'il serait nommé lieutenant général du royaume. Le courage lui manqua. « Le lâche ! dit Mirabeau, il a la convoitise du crime, mais il n'en a pas la puissance. » La Fayette, convaincu de la culpabilité du duc d'Orléans, lui enjoignit de quitter Paris, et le roi eut la bonté de couvrir cet exil de l'apparence d'une mission diplomatique à Londres.

Après le 6 octobre, Lally-Tollendal, Mounier et un grand nombre d'autres députés modérés, désespérant trop tôt de l'issue de la lutte, donnèrent leur démission et ne reparurent plus à l'assemblée. « Il est au-dessus de mes forces, dit Lally-Tollendal, de supporter plus longtemps l'horreur que me causent ce sang, ces têtes, cette reine presque égorgée, le roi mené en esclave, entrant à Paris au milieu de ses assassins. » C'était livrer l'assemblée aux hommes les plus violents.

Assassinat de François. Comité des recherches. Loi martiale. — Cependant l'arrivée de la famille royale à Paris n'amena pas l'abondance. Alors on s'en prit aux boulangers, payés, disait-on, par les aristocrates pour affamer le peuple. Des désordres avaient lieu tous les jours devant leurs boutiques. Un jeune boulanger, nommé François, honnête et laborieux, plus soupçonné que les autres, fut arraché de sa maison par des furieux et pendu à une lanterne. On lui coupa la tête et on la promena chez tous les boulangers de la ville.

La municipalité ou commune de Paris, révoltée de cet assassinat, nomma un *Comité des recherches*, pour découvrir les complots et prévenir de nouveaux crimes, et demanda à l'assemblée de faire une loi contre les attroupements séditieux. L'assemblée vota la loi martiale et chargea le Châtelet de juger sans appel tous les crimes de lèse-nation. Deux assassins du malheureux François furent découverts et condamnés à être pendus. Grâce à cet exemple, un peu d'ordre se rétablit; le commerce ne craignit plus le pillage et les denrées arrivèrent en abondance.

Supplice du marquis de Favras (février 1790). — Cependant les journaux anarchistes continuaient leurs déclamations furibondes contre le roi, l'assemblée, la commune de Paris, la loi martiale, et répandaient chaque jour le bruit de nouvelles conspirations royalistes. Leurs dénonciations amenèrent le premier meurtre judiciaire de la révolution. Un ancien officier, le marquis de Favras, homme entreprenant, aventureux, se faisait remarquer par sa haine ardente contre la révolution et par son dévouement enthousiaste pour le roi. Il s'écriait que Louis XVI était prisonnier et qu'il fallait le délivrer. On apprit que Favras cherchait à aliéner des contrats pour réaliser une somme de deux millions; c'était une mission que lui avait confiée le comte de Provence pour payer ses dépenses et ses dettes. C'en fut assez pour faire croire à un complot qui avait pour but d'enlever le roi, de dissoudre l'assemblée et de rétablir l'ancien régime. Favras fut arrêté et traduit devant le Châtelet. Trois misérables déclarèrent avoir eu communication de son plan, qui devait être exécuté par 12,000 Suisses et 12,000 Allemands. Le comité des recherches payait ouvertement chaque dénonciation. Payer la délation, c'est encourager le parjure. De pareils salaires ne sont jamais gagnés par les honnêtes gens. Pendant le procès, une foule furieuse assiégeait le tribunal, demandant la mort de l'accusé et poussant des cris menaçants contre ses juges : « Mort à Favras ! Le traître, ou les juges ! » disait-on. La peur et la lâcheté, qui ont joué un si grand rôle dans la révolution, dictèrent l'arrêt du malheureux Favras. Les juges refusèrent d'entendre ses témoins à décharge, et le condamnèrent à être pendu en place de Grève. Il mourut avec un visage serein, en protestant de son innocence et en pardonnant à ses juges, « à cause des circonstances. »

Travaux de l'assemblée. Départements. Tribunaux. — L'Assemblée nationale constituante siégea d'abord dans la chapelle de l'archevêché de Paris ; puis elle s'établit dans la grande salle du Manége, voisine du jardin des Tuileries et située sur une partie de la rue de Rivoli. C'était une longue salle. A l'extrême droite du président se placèrent les partisans de l'ancien régime, appelés les *aristocrates*, qui avaient pour orateurs l'abbé Maury, prêtre sans foi et sans moralité, et Cazalès, ancien officier de cavalerie, distingué par une éloquence brillante et par un caractère loyal et chevaleresque. A la droite étaient les constitutionnels modérés, dirigés par Malouet, ancien administrateur de la marine, et le comte de Clermont-Tonnerre, élèves de Montesquieu, qui auraient voulu nous donner la constitution anglaise. La gauche de la salle était occupée par les amis de la révolution, qui croyaient pouvoir conserver la monarchie, en dépouillant le roi de toute autorité. Ils avaient pour chefs Mirabeau, Barnave, Sieyès, les deux Lameth, Bailly, La Fayette, Talleyrand, et trois savants jurisconsultes, Duport, Thouret et Chapelier. Ils donnaient la main à quelques hommes, tels que Robespierre, disciple de Rousseau, Péthion, l'abbé Grégoire, qui étaient alors peu remarqués, mais qui avaient pour eux la presse anarchiste, les piques et les poignards de la populace. Le centre de l'assemblée, composé d'hommes indécis, prudents, timides, votait tantôt avec la droite, tantôt avec la gauche. C'est dans cette salle du Manége que la Constituante, placée comme le roi sous la main du peuple, poursuivit le cours de ses travaux.

Après avoir constitué le pouvoir législatif et le pouvoir exécutif, et enlevé au roi le droit de faire des lois, d'établir des impôts, de déclarer la guerre, de nommer les fonctionnaires, les magistrats et les dignitaires ecclésiastiques, l'assemblée remplaça les trente-trois anciennes provinces par quatre-vingt-trois départements, divisés en districts ou arrondissements, subdivisés en cantons et en communes ou paroisses. Plus tard on ajouta aux quatre-vingt-trois départements, celui de Vaucluse, formé du comtat d'Avignon ; dont les habitants, sujets du pape, demandèrent leur réunion à la France.

On supprima les parlements et toutes les autres cours de justice, et l'on institua un tribunal criminel, assisté d'un jury par département; un tribunal civil sans jury, par arrondissement; un juge de paix par canton; et pour tout le royaume un tribunal de cassation, chargé de prononcer les appels en dernier ressort. Une haute cour de justice fut établie à Orléans pour juger les grands fonctionnaires et les traîtres contre la sûreté de l'État. On décréta que les juges, comme les fonctionnaires des départements, seraient élus par le peuple.

Mesures financières. Confiscation des biens du clergé. Assignats. — Les finances, dont la détresse avait amené la convocation des états généraux, exigeaient de grands et prompts remèdes. La dette consolidée se montait à près de deux milliards et demi; et la dette flottante, y compris l'indemnité due aux propriétaires d'emplois supprimés, était évaluée à deux milliards

300 millions. L'assemblée vint en aide au contrôleur. De tous les anciens impôts, elle ne conserva que celui du timbre et les douanes extérieures ; elle supprima la taille, les vingtièmes, la capitation, la gabelle, les aides sur les boissons et les douanes intérieures, et elle les remplaça par l'impôt de l'enregistrement, celui des patentes sur l'industrie et le commerce, l'impôt mobilier et l'impôt foncier sur les terres et les maisons. Ces taxes, estimées à 630 millions, étaient insuffisantes pour payer les intérêts de la dette et subvenir aux charges de l'État. A la banqueroute on préféra la confiscation, et l'on choisit les biens du clergé, évalués à quatre milliards. L'assemblée, considérant le clergé comme simple dépositaire et non comme propriétaire de ses biens, se crut le droit de les prendre, en se chargeant de pourvoir aux frais du culte et à l'entretien de ses ministres, et elle décréta que ces biens seraient mis à la disposition de la nation. Pour en faciliter la vente, on créa un papier-monnaie, appelé *assignat*, c'est-à-dire signe d'hypothèque assignée sur ces biens, qui devait porter intérêt à cinq pour cent et se rembourser à mesure que les biens seraient vendus. Outre les ressources qu'offrait au trésor cette immense spoliation, on y trouvait l'avantage de détruire un corps puissant, d'attacher au nouvel ordre de choses tous les acquéreurs de ces biens morcelés et d'augmenter le nombre des partisans intéressés de la révolution. Cette mesure violente rencontra d'éloquents adversaires. Le comte de Montlosier, plutôt écrivain qu'orateur, eut une inspiration célèbre en défendant les biens du clergé : « Vous leur ôtez leur croix d'or, dit-il en parlant des évêques, ils prendront une croix

de bois; c'est la croix de bois qui a sauvé le monde. »

Constitution civile du clergé. — Quelque douloureux que fût le sacrifice de ses biens, le clergé l'accepta avec une résignation qui enhardit les ennemis de l'Église. L'assemblée voulut donner une constitution à l'église gallicane; c'était s'arroger le droit de régler l'exercice de la religion et la discipline ecclésiastique, et empiéter sur la conscience. Le clergé contesta ce droit à des laïques, et demanda à soumettre au pape ou du moins à un concile national les réformes à opérer dans l'Église. Il ne put rien obtenir, et il refusa de prendre part à la délibération. Ses adversaires, jansénistes, protestants, déistes, sceptiques, athées, décrétèrent seuls la nouvelle organisation de l'Église. Il y avait alors en France dix-huit archevêchés, cent treize évêchés et quatre mille six cents abbayes, prieurés et couvents. L'assemblée supprima toutes les maisons religieuses, et décréta qu'à l'avenir il n'y aurait que dix archevêchés pour tout le royaume et qu'un évêché par département, et que les archevêques, les évêques et les curés seraient élus par le peuple, comme les autres fonctionnaires. Les nouveaux prélats devaient recevoir l'institution canonique du plus ancien évêque de la province, et chacun devait écrire séparément au pape pour lui exprimer le désir de rester en communion avec lui. On vota soixante-dix-sept millions pour le salaire du clergé qu'on avait dépouillé de ses biens, et pour les pensions des religieux et des religieuses dont les couvents étaient supprimés.

Cette constitution civile, qui violait la liberté de conscience, la liberté des prêtres et les droits que les catholiques reconnaissaient au pape, fut la plus grande faute de l'Assemblée constituante; elle amena le schisme, la persécution, la révolte, et rendit le clergé et les parti catholiques ennemis irréconciliables de la révolution. Louis XVI, qui avait accepté tous les décrets contre son autorité, refusa de la sanctionner. Il répondit qu'il consentait à une réforme du clergé, faite de concert avec le pape, mais que sa conscience ne lui permettait pas de disposer seul du sort de l'Église. Il ne se laissa arracher sa sanction qu'après une résistance de cinq mois, à une époque où il ne se considérait plus comme libre. Il craignit qu'une plus longue résistance n'amenât de nouveaux malheurs et ne rendît inutiles tous les sacrifices qu'il avait faits. Aussitôt l'assemblée décréta que tous les ecclésiastiques prêteraient le serment de se conformer à la constitution civile du clergé, sous peine d'être déclarés démissionnaires et poursuivis comme perturbateurs du repos public, s'ils persistaient à exercer leurs fonctions. Parmi les députés du clergé, quatre évêques et quelques prêtres prêtèrent le serment; deux cent cinquante le refusèrent et furent expulsés. L'assemblée, privée des hommes les plus conciliants, devint plus violente que jamais. A Paris, sur huit cents prêtres, deux cents obéirent. La proportion fut la même dans les départements. En moins de quinze jours, quatre-vingt-trois évêques et quarante mille curés et vicaires se laissèrent chasser de leurs diocèses et de leurs paroisses, et leurs successeurs, élus par le peuple, prêtèrent le serment. Il y eut ainsi deux clergés : le clergé non assermenté, qu'on appela *réfractaire*, et à qui fut interdit l'exercice du culte, et le clergé assermenté ou constitutionnel, que les fidèles nommèrent *intrus*, et qui joua un triste rôle au milieu de nos troubles civils. Bientôt la faux de la terreur les moissonna l'un et l'autre.

Fête de la fédération (14 juillet 1790). — Malgré le nombre croissant de ses ennemis, on croyait encore au succès pacifique de la révolution. La ville de Paris résolut de célébrer par une grande fête nationale la rénovation politique et sociale de la France, et elle y invita les représentants de l'armée et des départements. L'Assemblée nationale approuva cette fête et voulut l'inaugurer par la suppression de tout signe d'inégalité entre les citoyens. Sur la proposition des vicomtes de Noailles et de Montmorency, elle abolit les titres de duc, de comte et autres, l'emploi de la particule nobiliaire *de* devant les noms de famille, les ordres de chevalerie, les armoiries, et même la livrée comme avilissante pour une classe de citoyens. Pour s'égayer, on affecta de n'appeler les gens titrés que par leur nom de famille : le comte de Mirabeau devint M. Riquetti, et La Fayette, M. Motié; c'était à ne pas s'y reconnaître. « Avec votre Riquetti, dit Mirabeau à un rédacteur du *Moniteur*, vous avez dérouté l'Europe. » Les journaux démagogiques poussèrent la plaisanterie jusqu'à l'outrage, en désignant le roi et la reine sous les noms de *M.* et *M*^{me} *Capet*.

Il fut décidé que la fête de la fédération aurait lieu au Champ de Mars le 14 juillet, jour anniversaire de la prise de la Bastille. Au milieu de cette vaste place on éleva *l'autel de la Patrie*, et près de l'École militaire on plaça le trône du roi sous une galerie. Dès le matin, le Champ de Mars se couvrit de 100,000 représentants des départements et de plus de 200,000 spectateurs. Talleyrand, évêque constitutionnel d'Autun, célébra la messe. La Fayette, nommé commandant général de toutes les gardes nationales de France, prêta le premier le serment de fidélité à la nation, à la loi et au roi, et tous les spectateurs le répétèrent après lui. Enfin le roi jura aussi de maintenir la constitution, au milieu des cris d'enthousiasme et des décharges de l'artillerie. Le soir, la capitale fut illuminée, et l'on donna un bal brillant sur l'emplacement de la Bastille. Ce fut le dernier beau jour de la révolution.

Nouveaux troubles. — Comme à l'ordinaire, la concorde fut de courte durée. Le respect, témoigné au roi par les représentants des départements, releva les espérances des royalistes. Ceux de l'assemblée ne prenaient aucune part aux délibérations; ils riaient, ils plaisantaient de tout. Ceux du midi avaient formé au château de Jalès, dans l'Ardèche, un camp où ils juraient de rétablir la royauté et l'ancien régime avec tous ses priviléges. On crut que cette confiance et ces mouvements annonçaient quelque complot secret. Les amis de la révolution s'alarmèrent et en devinrent plus violents. A Paris, le club des *Jacobins*, dominé par Barnave, Duport et les deux Lameth, et surtout celui des *Cordeliers*, fondé par Danton, attaquaient à la fois la royauté, la noblesse, le clergé et l'assemblée elle-même. Dans la presse démagogique, Camille Desmoulins, rédacteur du *Cordelier*, Hébert, rédacteur de l'infâme *Père Duchéne*, et l'abominable Marat, rédacteur de l'*Ami du peuple*, démolissaient les derniers restes de la monarchie et de la société. Dans sa haine aveugle contre la royauté, le parti constitutionnel ne voyait pas le danger de ces terribles auxiliaires, qui devaient bientôt se tourner contre lui.

L'agitation générale gagna l'armée. Les officiers étaient nobles et, en général, ennemis de la révolution, tandis que les soldats, les caporaux et les sergents, appartenant à la classe populaire, n'avaient qu'à gagner au changement. Les soldats des gardes françaises avaient donné l'exemple de l'insubordination; ils trouvèrent des imitateurs. La garnison de Nancy, composée de trois régiments, s'empara de la ville et se mit à vivre à discrétion aux dépens des habitants. L'Assemblée nationale chargea le général de Bouillé de les soumettre. Les rebelles se préparaient à recevoir Bouillé à coups de canon, lorsqu'un jeune officier, nommé Désille, se jeta devant la bouche d'un canon. « Vous ne tirerez pas, leur dit-il, ou vous me tuerez. » Il fut massacré. Après un combat sanglant de trois heures, un régiment prit la fuite, un autre se rendit à discrétion ; et plus tard ils obtinrent leur grâce. Les Suisses du troisième régiment rebelle, appelé le régiment de Châteauvieux, furent jugés par un conseil de guerre de leur nation, et quarante soldats condamnés aux galères. Les démagogues célébrèrent ces quarante martyrs de la liberté. Bouillé refusa le bâton de maréchal de France que lui offrit le roi; il ne voulut pas devoir cet honneur à la guerre civile.

Mirabeau et la cour. Sa mort (2 avril 1791).—L'anarchie, qui menaçait la France, commençait à effrayer les partisans de la monarchie constitutionnelle. Mirabeau, le plus intelligent de tous, comprit que la révolution était faite, et que pour consolider les réformes, il fallait fortifier le pouvoir du roi et rétablir l'ordre. Il se rapprocha de la cour et vendit fort cher les services qu'il promettait de rendre. On voulait plutôt l'acheter que suivre ses conseils. Il sentait que sa vie passée lui attirait cette défiance, et il en souffrait: « Ah ! disait-il avec amertume à un ami, que l'immoralité de ma jeunesse fait de tort à la chose publique ! » C'est à la reine qu'il voulait surtout s'adresser, c'est par elle qu'il espérait agir sur l'esprit irrésolu du roi. « Le roi n'a qu'un homme, disait-il, c'est sa femme. » Marie-Antoinette hésita longtemps à voir ce grand tribun, qui avait fait tant de mal à la royauté. Elle consentit enfin à lui accorder à Saint-Cloud une entrevue qui lui inspirait, dit-elle, « des frissons d'horreur » (3 juillet 1790). Mirabeau conseillait au roi de se retirer à Compiègne sous la protection de quelques régiments fidèles et de faire réviser la constitution par une assemblée transférée hors de Paris, dans le but d'assurer la stabilité du trône et les réformes modérées.

La mort ne permit pas à Mirabeau de recommencer cette lutte contre le torrent révolutionnaire, qu'il avait tant contribué à déchaîner. Usé, à quarante-deux ans, par les travaux, les intrigues, les excès de la débauche, une attaque de goutte rhumatismale l'emporta en quelques jours. Il déplorait en mourant le sort de la France livrée aux factions. « J'emporte avec moi le deuil de la monarchie, dit-il; les factieux s'en partageront les lambeaux. » Tous les partis le regrettèrent, et l'assemblée entière assista à ses funérailles, qui furent la plus magnifique pompe funèbre de la révolution. Son corps fut déposé dans l'église de Sainte-Geneviève, transformée en Panthéon pour recevoir les restes des grands hommes. Voltaire et un peu plus tard Jean-Jacques Rousseau furent associés aux mêmes honneurs.

Fuite de Varennes (20 juin 1791). — Après la mort de Mirabeau, Louis XVI n'entendit plus de sages conseils. Necker, haï des royalites, négligé par les révolutionnaires, privé de toute influence, quitta le ministère et la France, laissant deux millions prêtés au Trésor, dont sa fille, Mme de Staël, n'obtint la restitution que de Louis XVIII. Le roi ne fut plus entouré que de gens qui ne pouvaient lui offrir que leur dévouement. Ce malheureux prince, à qui personne n'obéissait, vit rendre un décret qui lui défendait de s'éloigner de la capitale de plus de vingt lieues, et qui le déclarait déchu du trône, s'il sortait du royaume. C'était lui enlever le droit qu'ont tous les citoyens de se déplacer. Bientôt il acquit la preuve de sa captivité. Il voulut aller passer à Saint-Cloud les fêtes de Pâques ; la garde nationale et la populace s'opposèrent à son départ et le forcèrent de rentrer aux Tuileries. L'assemblée ne lui exprima aucun regret de cet outrage ; et peu de jours après, on obligea le roi et la reine d'aller entendre, le jour de Pâques, la messe d'un prêtre assermenté. Dès lors il ne pensa plus qu'à sortir de sa prison et il fit secrètement ses préparatifs de départ. Il voulait se retirer à Montmédy, petite place forte sur la frontière du Luxembourg, au milieu de l'armée fidèle commandée par Bouillé. Ce voyage fut mal organisé ; il y eut en route des retards qu'on aurait pu éviter et qui perdirent tout.

Le 20 juin, à minuit, la famille royale sortit des Tuileries à pied, par groupes séparés ; deux voitures bourgeoises, qui les attendaient sur le quai des Théatins, les conduisirent jusqu'à Bondy. Là, ils montèrent dans deux berlines de voyage et arrivèrent à Sainte-Menehould. Pendant qu'on y changeait de chevaux, le roi commit l'imprudence de mettre plusieurs fois la tête à la portière. Drouet, fils du maître de poste, le reconnut. Il monta à cheval, courut à Varennes et avertit le procureur de la commune, qui convoqua sans bruit la garde nationale. Aidé de quelques hommes, Drouet renversa sur le pont plusieurs charrettes pour obstruer la route, et ils attendirent en armes l'arrivée des deux voitures. Elles parurent à onze heures et demie du soir. Drouet les arrêta. « Vos passeports, » dit-il aux voyageurs. On lui présenta un passeport donné à la reine sous le nom d'une dame russe. « C'est au procureur de la commune à le vérifier et à reconnaître les voyageurs, » dit Drouet. Il fallut se rendre chez le procureur de la commune et y passer le reste de la nuit. « Au point du jour, dit le procureur, la municipalité se réunira et vous permettra sans doute de continuer votre route. » En même temps on fit sonner le tocsin à Varennes et dans les villages voisins, et les gardes nationaux accoururent de tous côtés. Au matin, un attroupement menaçant entourait la maison. « Il n'est plus temps de feindre, dit alors le procureur de la commune, convenez que vous êtes le roi. — Si vous croyez parler au roi, dit la reine, parlez-lui avec plus de respect. »

Quarante hussards arrivèrent à Varennes sous les ordres de deux officiers, qui proposèrent au roi de lui ouvrir un passage par la force. « Je le ferais, si j'étais seul, dit-il, mais ma femme, mes enfants, ma sœur ! » Il ne voulut donner aucun ordre. Au reste, les hussards se joignirent au peuple et arrêtèrent les deux officiers. Bientôt on vit venir un aide de camp de La Fayette, qui portait aux municipalités l'ordre de s'opposer au passage du roi. Il fallut reprendre la route de Paris. Ce voyage dura quatre jours et ne fut qu'un long outrage. C'est alors que les cheveux de la reine blanchirent en une nuit comme ceux d'une femme de soixante-dix ans. A Epernay, le cortége rencontra trois membres de l'assemblée, chargés d'aller recevoir le roi et de le ramener à Paris. Barnave, l'un deux, fut touché de tant d'infortune et surtout du noble caractère de la reine, et il se dévoua depuis au service de la royauté.

Louis XVI rentra dans Paris le 25 juin, à sept heures du soir, au milieu d'une foule innombrable, qui observa un morne silence. Il fut remis sous la garde de La Fayette, qui donna les consignes les plus sévères. Les officiers reçurent ordre de ne jamais perdre de vue le roi ni la reine; ils se tenaient la nuit dans le salon qui précédait la chambre à coucher de la reine, dont la porte restait ouverte, même quand elle était au lit. L'assemblée déclara le roi suspendu de ses fonctions, et décréta que, s'il rétractait son serment de fidélité à la constitution, ou s'il sortait du royaume, il serait considéré comme ayant abdiqué, et accusable pour tous les délits postérieurs à son abdication. Les royalistes du côté droit protestèrent contre cette atteinte portée à l'inviolabilité du roi, et déclarèrent qu'ils ne prendraient part qu'aux délibérations qui pourraient servir la royauté. Cette résolution irrita les constitutionnels, que la peur des républicains ralliait autour du trône. « Ces gens-là, dit Thouret, nous forcent, pour échapper à leur haine, de nous appuyer sur le peuple. »

Massacre du Champ de Mars (17 juillet 1791). — Quelque violentes que fussent les mesures de l'assemblée, le parti révolutionnaire voulait davantage. A la chambre, trois avocats, Robespierre, Péthion et Buzot, demandaient le jugement du roi et sa déchéance. Danton, président du club des Cordeliers, et les émeutiers du Palais-Royal voulaient la proclamation de la république. Pour l'obtenir, on prépara une insurrection générale. Le 17 juillet, le peuple fut convoqué au Champ de Mars pour signer, sur l'autel de la patrie, une pétition où l'on sommait la chambre de révoquer ses décrets et de prononcer la déchéance. Danton venait de lire cette pétition, lorsqu'on découvrit deux hommes cachés sous l'autel ; c'étaient deux invalides qui s'étaient placés là pour tout entendre sans courir aucun danger. On s'écria qu'ils voulaient faire sauter les patriotes avec un baril de poudre, bien qu'il n'y eût ni poudre ni baril, et on alla les pendre à un réverbère du quartier du Gros-Caillou.

A la nouvelle de ce tumulte et de ce double meurtre, Bailly et La Fayette reçurent de l'assemblée l'ordre de disperser la foule et de faire arrêter les assassins. Ils partirent de l'Hôtel-de-Ville avec quelques bataillons de grenadiers et arrivèrent au Champ de Mars, précédés du drapeau rouge déployé. « A bas le drapeau rouge ! A bas les baïonnettes ! » s'écriat-on. Bailly proclama la loi martiale, et La Fayette fit tirer quelques coups en l'air, espérant que la peur suffirait pour disperser les factieux. Comme on ne vit tomber personne, on se mit à crier avec plus de fureur. On lança des pierres, on tira quelques coups de pistolet sur le maire et le général, et plusieurs grenadiers furent blessés. Alors La Fayette commanda une seconde décharge, et cette fois douze personnes furent tuées, et près de cent blessées. La foule effrayée se précipita par toutes les issues et se dispersa. Cette répression sanglante fut appelée le massacre du Champ de Mars.

Révision de la Constitution. — Après la fuite de Varennes, Barnave et ses amis Duport et les deux Lameth, chefs des constitutionnels jacobins, s'effrayèrent de la puissance et de l'audace du parti républicain. Ils comprirent qu'ils avaient trop affaibli la royauté et que, tout en conservant la monarchie, ils avaient donné à la France des institutions républicaines. Ils voulurent revenir sur leurs pas et faire réviser la constitution, afin de fortifier le pouvoir royal, et ils cherchèrent à se rapprocher de la cour, des royalistes et des constitutionnels modérés. Mais ils avaient fait trop de mal à leurs anciens adversaires pour leur inspirer quelque confiance. La reine écoutait les conseils de Barnave, mais elle ne les suivait pas. Elle mettait tout son espoir dans les puissances étrangères et entretenait une correspondance secrète avec l'Autriche, la Suède, la Russie et l'Espagne. Le roi haïssait la constitution, qu'il regardait comme impraticable; il croyait qu'elle amènerait l'anarchie, et que les Français, désabusés par les malheurs ou effrayés par l'étranger, reviendraient à la royauté absolue. Suivant le roi et la reine, il aurait fallu, non réviser, mais déchirer cette constitution, que Marie-Antoinette appelait monstrueuse. Telle était aussi l'opinion des deux cent quatre-vingt-dix députés royalistes du côté droit. A la révision de la constitution ils préféraient l'anarchie, parce qu'elle pouvait amener le retour de l'ancien régime, et leur abstention priva les modérés d'un appui qui leur aurait peut-être assuré la victoire. Les modérés eux-mêmes n'étaient pas d'accord; la plupart auraient voulu obtenir deux chambres et faire accorder au roi le droit de concourir à l'initiative des lois, le veto absolu et la nomination des magistrats et des autres fonctionnaires. Ils échouèrent devant les défiances de l'assemblée, qui craignait de rendre le roi trop puissant et de perdre sa popularité. On se borna, dans la rédaction définitive du texte de la constitution, à décider toutes les questions de détail en faveur de l'autorité royale.

La constitution terminée, l'assemblée la présenta à la sanction du roi; et, pour que cette sanction fût libre, elle lui rendit l'exercice du pouvoir royal et lui accorda, outre la garde suisse, une garde constitutionnelle de 1,800 hommes. Louis XVI ne cacha pas son opinion sur l'impossibilité de gouverner avec la constitution; il déclara qu'il l'acceptait seulement pour la tranquillité du pays, afin que son refus ne devînt pas le prétexte de nouveaux troubles, et il promit de la faire franchement exécuter. Il demanda d'y ajouter un décret d'amnistie pour tous les délits commis pendant la Révolution. Peu de jours après, il se rendit à l'assemblée pour prêter un serment solennel à la Constitution, et partout sur son passage il fut salué par des cris de joie et d'enthousiasme.

La Constituante termina ses travaux par une mesure fatale. Robespierre proposa de décréter que les membres de l'assemblée ne pourraient ni être ministres pendant quatre ans, ni faire partie de la nouvelle assemblée législative. Les royalistes, par haine contre cette Assemblée maudite où ils avaient toujours été vaincus, les autres par le puéril désir de montrer du désintéressement ou par amour de la popularité, adoptèrent cette double proposition, qui violait la liberté des électeurs en restreignant leurs choix, et privait le gouvernement et la nouvelle chambre du concours de tous les hommes qui avaient acquis quelque expérience pratique des affaires politiques. C'était livrer l'avenir du pays à des hommes nouveaux et préparer le triomphe de la démagogie.

Enfin le 30 septembre 1791, l'Assemblée nationale constituante se sépara. Le tort de cette célèbre assemblée, qui aurait dû tout réformer, fut de tout détruire. Au lieu de corriger les abus d'une vieille société, elle entreprit de créer une société toute nouvelle, sans avoir égard au passé, aux mœurs, aux habitudes, aux intérêts acquis. Pour réussir, il aurait fallu changer aussi les hommes. Assurément le présent a des droits, mais il a aussi des devoirs; et l'un de ces devoirs ordonne de respecter les droits du passé. C'est le meilleur moyen d'assurer l'avenir.

ASSEMBLÉE LÉGISLATIVE.

(1er OCTOBRE 1791 — 21 SEPTEMBRE 1792)

Partis dans l'assemblée. — L'Assemblée législative, composée de 747 membres, s'ouvrit le 1er octobre 1791. A la droite du président se placèrent les *Constituants*, défenseurs de la constitution, de la royauté et du ministère, composé de Narbonne, Montmorin, de Lessart et Bertrand de Molleville. La gauche, bien plus nombreuse, tendait à continuer la révolution pour arriver à la république. Les uns, appelés *Gi-

rondins, parce qu'ils avaient pour chefs les éloquents députés de la Gironde, Vergniaud, Guadet et Gensonné, voulaient une république modérée, athénienne, et admettaient les inégalités sociales fondées sur le mérite, les talents et la fortune ; aux autres, appelés *Montagnards*, parce qu'ils siégeaient sur les bancs les plus élevés de la gauche, il fallait une république spartiate, égalitaire, où régnât une égalité complète entre tous les citoyens ; et à cette passion de l'égalité ils étaient prêts à sacrifier la liberté, la propriété, l'humanité, la justice. Au dehors, les montagnards étaient soutenus par le club des Jacobins, qui siégeait dans le couvent des Jacobins, situé sur l'emplacement du marché Saint-Honoré, et où régnait Robespierre ; et par le club des Cordeliers, qui se tenait dans le couvent des Cordeliers, aujourd'hui l'École de Médecine, et qui était dirigé par Danton et Camille Desmoulins. Au centre de l'assemblée, étaient les députés indécis, timides, qui par peur votèrent presque toujours avec le parti le plus fort.

Faiblesse de l'assemblée contre la démagogie. — L'Assemblée législative, dominée par les mêmes préjugés et les mêmes passions que l'Assemblée constituante, continua ses fautes en les exagérant. Elle se montra faible devant la démagogie et violente contre la royauté. Elle refusa de punir le pillage des épiciers de Paris, le meurtre du maire d'Étampes, tué par la populace, parce qu'il voulait l'empêcher de taxer le blé à sa fantaisie, et le massacre d'une foule d'habitants d'Avignon, hommes, femmes et enfants, qui furent égorgés comme aristocrates, et dont les corps furent entassés dans une tour du château, appelée la Glacière, et précipités dans le Rhône. « Vous accordez l'impunité aux assassins, dit Vaublanc; je vois la glacière d'Avignon s'ouvrir dans Paris. »

Pour plaire à cette populace qui pillait et égorgeait, l'assemblée tira du bagne les quarante Suisses du régiment de Châteauvieux et fit célébrer par une fête leur arrivée à Paris. On traita comme de grands citoyens ces soldats assassins de leurs officiers. Un ancien comédien, nommé Collot-d'Herbois, fut député par le club des Jacobins pour aller les chercher à Brest et les amener dans la capitale. Ils y entrèrent avec leur costume de galérien et leur bonnet rouge, qui devint la coiffure favorite des Jacobins.

Cette assemblée, si indulgente pour les brigands, réservait ses rigueurs pour le roi, les émigrés et les prêtres non assermentés. Elle enleva d'abord au roi les titres de *sire* et de *majesté*, puis elle révoqua ce décret; mais elle supprima la garde constitutionnelle. Elle décréta que les émigrés qui ne rentreraient pas, seraient considérés comme conspirateurs et les revenus de leurs biens confisqués; que tout prêtre non assermenté serait privé de son traitement ; que s'il troublait l'ordre public, il pourrait être déporté sans jugement, et que, s'il n'obéissait pas à l'arrêté de déportation, il serait condamné à dix ans de détention. Louis XVI refusa de sanctionner ces décrets contre les émigrés et les prêtres. Pour se venger, l'assemblée l'obligea de renvoyer son ministère, et de prendre un ministère girondin, puis elle décréta d'accusation le ministre de Lessart, qui fut traduit devant la haute cour d'Orléans.

Ministère girondin : Roland et Dumouriez (23 mars 1792). — Les chefs du nouveau ministère furent Roland, ancien inspecteur des manufactures, homme austère, intègre, dominé par sa femme, qui a laissé un grand nom dans la révolution, et le général Dumouriez, militaire habile, expérimenté, fertile en ressources, mais intrigant et sans principes, qui fut tour à tour constituant, girondin et jacobin. La première fois qu'ils se présentèrent aux Tuileries, la simplicité de leur costume scandalisa les courtisans. « Eh ! monsieur, dit le grand maître des cérémonies en montrant Roland, point de boucles à ses souliers ! — Ah ! monsieur, répondit gravement Dumouriez, tout est perdu ! »

Déclaration de guerre à l'Autriche (21 avril). — Le premier acte des nouveaux ministres fut de faire déclarer la guerre à l'Autriche. La Prusse, l'Autriche, la Russie, la Suède, l'Espagne et les Deux-Siciles, excitées par le comte d'Artois, avaient tenu des conférences à Mantoue et à Pilnitz, et s'étaient engagées à réunir leurs armes « pour délivrer le roi de France et le mettre en état de poser les bases d'un gouvernement monarchique, également convenable aux souverains et au bien-être de la noblesse française. » Il n'était pas question des intérêts du peuple français. On demanda des explications à l'Empereur. Il répondit sèchement que la paix dépendait de l'acceptation des conventions de Pilnitz. L'assemblée et le ministère indignés demandèrent la guerre ; le roi céda, et il déclara la guerre à l'Empereur, soit pour se rendre populaire, soit dans l'espoir d'y trouver une chance de salut. Aussitôt après cette déclaration, l'assemblée décréta la formation d'un camp de 20,000 hommes pour défendre Paris. C'était une armée révolutionnaire qu'on voulait opposer à la garde nationale, trop dévouée au roi, au gré du parti républicain.

Les débuts de la guerre furent tristes pour la France. Le maréchal de Rochambeau, qui commandait l'armée de Flandre, reçut ordre de prendre l'offensive. Deux de ses lieutenants, Biron et Théobald Dillon, se portèrent le premier de Valenciennes sur Mons, le second de Lille sur Tournay. A peine eurent-ils franchi la frontière, qu'une panique se répandit parmi leurs troupes indisciplinées. « Nous sommes trahis! s'écria-t-on, sauve qui peut! » Dans la déroute, Dillon fut massacré par ses soldats. Rochambeau ne put obtenir la punition des assassins, et il envoya sa démission. Ses troupes furent réunies à celles de La Fayette, qui commandait l'armée de Sambre et de Meuse. Comme l'ennemi n'était pas prêt, on resta sur la défensive. La coalition, si téméraire en paroles, se montra timide, égoïste en action; chaque puissance ne consulta que ses propres intérêts.

Cependant le roi continuait de refuser sa sanction aux décrets contre les émigrés et les prêtres et sur la formation du camp de 20,000 hommes sous Paris. Ce refus irritait l'assemblée. Les ministres voulurent lui arracher de force son consentement; il leur répondit qu'il résisterait jusqu'à la mort. C'est alors que Roland lui adressa une lettre dure et violente, écrite par sa femme, où il incriminait toute sa conduite. Le roi offensé renvoya ses ministres et les remplaça par des hommes insignifiants. Roland publia sa lettre, qui devint une pièce d'accusation contre Louis XVI. C'était violer son devoir de ministre constitutionnel, qui lui ordonnait de couvrir le roi. Après cette lutte, qui avait épuisé ses forces, le malheureux Louis XVI tomba dans un abattement profond et resta dix jours sans proférer une parole. On lui proposa plusieurs projets de fuite; il les rejeta tous. Il ne comptait plus que sur l'étranger pour terminer sa captivité et ses malheurs.

Insurrection du 20 juin. — Les girondins, qui s'étaient montrés disposés à soutenir la royauté, tant qu'ils avaient espéré gouverner sous le nom du roi, devinrent ses ennemis implacables le jour où ils perdirent le pouvoir. Pour forcer Louis XVI à rappeler ses ministres et à sanctionner les décrets, ils préparèrent une insurrection et demandèrent l'appui des Jacobins, qu'ils se flattaient de dominer pendant la lutte et d'éconduire après la victoire.

Le 20 juin, sous prétexte de célébrer l'anniversaire du serment du Jeu de Paume, vingt mille hommes des faubourgs, armés de piques, de haches, de bâtons ferrés, s'assemblèrent sur la place du Carrousel. Ils se rendirent d'abord à l'assemblée et défilèrent devant les députés, en chantant l'hymne sauvage du *Ça ira*. De là ils marchèrent vers les Tuileries. Le roi, pour prévenir l'effusion du sang, avait renvoyé les Suisses et n'avait auprès de lui qu'un bataillon de gardes nationaux. Les émeutiers, conduits par Santerre, riche brasseur, homme brutal et sanguinaire, enfoncent les portes et envahissent les vestibules, les galeries, les salons. Quelques gardes nationaux, l'épée à la main, étaient rangés dans une chambre autour de la famille royale. « Éloignez-vous, leur dit le roi, cinq ou dix ne les empêcheront pas de nous massacrer, s'ils le veulent. » Il fit retirer la reine, qui se réfugia dans la salle du conseil avec ses enfants, et il ordonna d'ouvrir la porte. La foule se précipita dans la salle en criant : « A bas le véto ! Mort à l'Autrichienne ! La sanction ! la sanction ! » Le roi, placé avec quelques défenseurs dans l'embrasure d'une fenêtre derrière des banquettes, regardait sans crainte tous ces hommes qui le menaçaient de leurs piques. On lui présenta la pétition. « Non, dit-il, ce n'est ni le moment ni la manière d'obtenir la sanction. » En ce moment Madame Élisabeth, bravant tous les dangers, arriva près du roi. « Voilà l'Autrichienne, s'écria un émeutier, saisissons-la. — Non, dit un de ses écuyers, c'est Madame Élisabeth.—Ah ! dit-elle, pourquoi les détromper? Laissez-leur croire que je suis la reine, afin qu'elle ait le temps de se sauver. » La chaleur était étouffante, le roi n'en pouvait plus. On lui présenta un verre de vin en disant : « Buvez à la na-tion. — Ce vin est peut-être empoisonné, sire, dit un serviteur fidèle. — Non, sire, dit un garde national, on n'a voulu que vous faire peur. — Touchez là, dit le roi en lui prenant la main et en la plaçant sur son cœur, et jugez si j'ai peur. » Ce courage héroïque et cette marque de condescendance apaisèrent un peu la foule. « Mettez sur votre tête le bonnet de la liberté, » lui cria quel-qu'un. Le roi prit le bonnet rouge, et quelques applau-dissements se firent entendre. A six heures, parut Pé-thion, maire de Paris depuis la démission de La Fayette. Il dit aux émeutiers : « Vous venez de prouver que vous êtes un peuple libre et sage ; maintenant retirez-vous, je vais vous en donner l'exemple. » Ce ne fut qu'à huit heures du soir que les derniers émeutiers sortirent du palais et que le roi revit la reine et ses enfants, qui avaient passé la journée dans de cruelles angoisses. C'est après cet attentat que Mme Roland dit de la reine : « Que j'aurais voulu voir sa longue humiliation ! Combien son orgueil a dû souffrir ! » Telle était la Corinne de la Gironde.

A la nouvelle de l'attentat du 20 juin, La Fayette ac-courut de son camp pour en demander justice. Il supplia l'assemblée de fermer les clubs et de défendre le trône constitutionnel. Il ne put rien obtenir. Il se présenta de-vant le roi et lui proposa de se retirer à Compiègne, où il l'entourerait d'une force suffisante pour le faire respecter. Louis XVI hésitait. La reine répondit qu'elle aimait mieux mourir que de devoir son salut à l'homme qui leur avait fait le plus de mal. La Fayette retourna tristement rejoindre son armée.

La journée du 20 juin avait prouvé aux ennemis de Louis XVI qu'il ne céderait rien contre sa conscience, et qu'on ne parviendrait à lui arracher ni le rappel des ministres disgraciés ni la sanction des derniers décrets. Alors les girondins résolurent de le détrôner. L'un d'eux, Péthion, maire de Paris, demanda officiellement la déchéance à l'assemblée ; et Vergniaud prononça un éloquent et habile réquisitoire, où il peignit Louis XVI sous les traits du tyran Lysandre. « Notre plus dangereux ennemi, dit-il, n'est pas à la frontière ; il est ici ; c'est le plus traître des traîtres, c'est le roi. »

Manifeste du duc de Brunswick (25 juillet). — Pendant qu'on préparait une nouvelle insurrection, le duc de Brunswick, général de l'armée prussienne, publia, au nom de l'Empereur et du roi de Prusse, un manifeste qui mit le comble à l'irritation populaire et excita l'indignation de la France entière. Il menaçait de traiter comme rebelles les gardes nationaux qui seraient pris les armes à la main, et de livrer Paris à une exécution militaire, si la moindre violence était faite au roi et à la reine, et s'ils n'étaient pas immédiatement mis en liberté. Cette insolente menace, qui s'en prenait à l'honneur national, excita l'indignation et la fureur contre les alliés et contre le roi et la reine, qui conspiraient avec les étrangers la ruine de Paris. Ce manifeste reproduisait les instructions données par Louis XVI à Mallet du Pan, qu'il avait envoyé au camp des émigrés, et contenues dans un mémoire daté du 4 juillet et adressé par la reine à l'Empereur. Le roi demandait aux alliés d'user de menaces, dans un langage énergique, propre à inspirer la terreur. Les Parisiens ne virent dans le roi qu'un traître, et ne firent rien pour le défendre.

Insurrection du 10 août. — Pour assurer le succès de l'insurrection, les chefs du complot, Danton, Camille Desmoulins, Marat, Santerre, Collot-d'Herbois, firent venir à Paris les fédérés de Marseille, qui arrivèrent au nombre de 3,000 hommes, sous les ordres du jeune Barbaroux. L'exécution fut fixée au 10 août. Le maire de Paris, le commandant de la garde nationale, nommé Mandat, homme énergique et dévoué au roi, et la municipalité pouvaient être embarrassants. On résolut de faire assassiner Mandat; on consigna Péthion chez lui sous bonne garde, afin de mettre à couvert sa responsabilité, et l'on remplaça la municipalité par une municipalité nouvelle. Pendant la nuit, les conspirateurs des quarante-huit sections de Paris nommèrent pour chacune un conseiller municipal, et ces quarante-huit municipaux, escortés d'émeutiers en armes, s'emparèrent de l'Hôtel-de-Ville, prononcèrent la destitution des membres modérés, s'adjoignirent les hommes violents et nommèrent un *comité de surveillance*, chargé de diriger l'insurrection et composé de douze membres, parmi lesquels étaient Robespierre, Danton, Marat, Billaud-Varennes, Collot-d'Herbois, Tallien, Camille Desmoulins, Manuel et Fabre d'Eglantine. Telle fut l'origine de cette fameuse Commune qui domina Paris, l'assemblée et la France, et devint le principal instrument de la Terreur. Quelques membres énergiques de l'assemblée inspiraient des inquiétudes aux conspirateurs. « Si l'assemblée bouge, dit Danton avec un jurement cynique, elle est *perdue*. »

A six heures du matin, les émeutiers des faubourgs Saint-Antoine et Saint-Marceau, armés de fusils et de piques, et traînant des canons, se dirigèrent en colonnes vers le palais des Tuileries. La famille royale avait passé la nuit dans un salon, en proie aux plus vives alarmes ; elle n'avait pour défenseurs que trois cents royalistes dévoués et quelques compagnies de Suisses. Au matin, les bataillons de la garde nationale arrivèrent des différents quartiers de la ville et se rangèrent dans la cour, dans le jardin et sur les terrasses. Mais pouvait-on compter sur les gardes nationaux qui, au 20 juin, étaient restés l'arme au bras devant l'émeute? Pour s'assurer de leurs dispositions, le roi, la reine, Madame Élisabeth et les deux enfants descendirent dans la cour et dans le jardin. Un seul bataillon, celui du quartier des Filles-Saint-Thomas, cria : *Vive le Roi !* Les autres restèrent silencieux ou crièrent : *Vive la nation !* Les canonniers crièrent avec force : *A bas le Veto ! A bas le traître !* et ils tournèrent leurs pièces contre le palais. Le roi remonta triste et abattu. Bientôt il apprit l'assassinat du loyal Mandat, appelé à l'Hôtel-de-Ville et tué d'un coup de pistolet; cette nouvelle lui parut un arrêt de mort.

Vers les huit heures, arriva au palais le procureur général du département de la Seine, nommé Rœderer, qui avait passé la nuit auprès du roi, et qui était sorti de bonne heure pour observer la disposition des esprits. Il fit une peinture effrayante de l'état de la ville et dit au roi que le seul moyen de sauver sa vie, celle de la famille royale et de ses défenseurs, était de se réfugier dans l'assemblée. — « Sommes-nous donc abandonnés? N'y a-t-il plus aucun moyen de défense? demanda la reine. — Aucun, répondit Rœderer. — Que le sang ne soit pas versé », dit le roi. Un commandant du bataillon des Filles-Saint-Thomas proposa de former un bataillon carré avec les 1,400 hommes fidèles qu'il y avait au palais, de s'ouvrir un passage les armes à la main et de prendre la route de Rouen, où commandait le duc de La Rochefoucauld. « Ce parti serait excellent, si j'étais seul, dit le roi; mais ma famille!... » Un moment après il dit à la reine : « Partons. » Louis XVI et sa famille traversèrent le jardin des Tuileries entre deux haies de gardes nationaux silencieux et arrivèrent dans la salle de l'assemblée. « Je suis venu ici pour éviter un grand crime, dit-il ; je pense que je ne saurais être plus en sûreté qu'auprès de vous. » Le président, Vergniaud, un peu surpris comme ses collègues, lui fit cette singulière réponse : « L'assemblée fera son devoir, qui est de mourir pour la défense des autorités constituées. » Pourquoi donc n'étaient-ils pas tous allés aux Tuileries pour défendre le roi, la première des autorités?

Après le départ du roi, la plupart des royalistes sortirent du palais. Les Suisses se disposaient à partir aussi, lorsque les Marseillais leur proposèrent de fraterniser avec le peuple. Les Suisses jetèrent quelques cartouches en criant : Vive la nation! Les Marseillais entrèrent dans le vestibule, et ils montaient l'escalier lorsqu'un coup de canon se fit entendre. Les Suisses se croient attaqués et ils font une décharge qui met les Marseillais en déroute. Un détachement s'empare de leurs canons et balaye la place du Carrousel, pendant qu'un autre s'avance jusqu'à la porte de l'assemblée, enlève trois pièces de canon et les tourne contre les insurgés. Les décharges de ces canons ébranlent la salle. Les députés effrayés demandent au roi d'arrêter l'effusion du sang. Il envoya aux Suisses l'ordre de cesser le feu. Ce fut le dernier ordre donné par Louis XVI. Les Suisses obéirent et firent signe qu'ils cessaient le combat. Vers neuf heures, les émeutiers, revenus à la charge avec de nouveaux canons, se précipitèrent sur eux et les massacrèrent sans pitié.

Dès que la victoire des émeutiers fut complète, l'assemblée, docile aux injonctions de la nouvelle commune, décréta la suspension du roi et la convocation d'une Convention nationale, chargée de prendre les mesures nécessaires pour assurer le règne de la liberté et de l'égalité. Elle livra le roi à la Commune, qui l'enferma dans une tour de l'ancien hôtel des Templiers et le mit sous la garde de quatre municipaux avec ordre de ne le perdre de vue ni jour ni nuit. Elle confia le pouvoir exécutif à un conseil provisoire, composé de Roland et de ses anciens collègues, et dirigé par Danton, nommé ministre de la justice. Elle remplaça la garde nationale par les quarante-huit sections armées et en donna le commandement au brasseur Santerre. Elle institua un tribunal extraordinaire pour juger souverainement et sans appel les auteurs des crimes du 10 août, c'est-à-dire les défenseurs du roi et de la constitution, et ordonna des visites domiciliaires pour arrêter tous les coupables.

Les sicaires de la commune, chargés des visites domiciliaires, firent main basse sur l'or, l'argent, les bijoux, les objets précieux, et menèrent dans les prisons et dans les couvents transformés en prisons des troupés d'hommes et d'enfants.

Massacres de septembre. — Les nouvelles de la guerre vinrent porter à son comble l'exaspération du parti révolutionnaire. On apprit que les Autrichiens s'étaient emparés de Longwy, et les Prussiens de Verdun, qui n'avait opposé aucune résistance. Les uns voulaient rappeler l'armée sous les murs de la capitale, d'autres proposèrent de transférer à Saumur le gouvernement et l'assemblée. « C'est dans Paris qu'il faut se maintenir par tous les moyens, dit Danton. Mais pendant que vos défenseurs se feront tuer, le parti royaliste s'agitera en faveur de l'étranger. Pour déconcerter ses mesures et arrêter l'ennemi, il faut *faire peur* aux royalistes. Pour les vaincre, pour les atterrer, que faut-il? De l'audace, encore de l'audace, et toujours de l'audace. »

Depuis quelques jours, le comité de surveillance de la Commune, qui prit le nom de *Comité de salut public,* préparait le massacre des prisons, et réglait d'avance le rôle des chefs, les détails de l'exécution, la fourniture du vin, la location des charrettes, l'enlèvement des corps, le nettoyage de la voie publique. La veille de l'exécution, les auteurs et les confidents du complot firent mettre en liberté les détenus pour dettes et d'autres prisonniers qui leur inspiraient de l'intérêt. Ainsi Charles de Lameth fut sauvé par Danton, Beaumarchais par Manuel, procureur de la Commune, madame de Tourzel par Tallien ; d'autres durent la vie à Robespierre et à Marat lui-même.

Le 2 septembre, trois à quatre cents brigands, divisés par bandes, partirent de la Commune sous la conduite de l'huissier Maillard, et prirent possession des différentes prisons. Douze d'entre eux se formaient en tribunal autour d'une table, et tout en mangeant et buvant, faisaient comparaître les détenus. Les autres, armés de piques, de haches et de sabres, se chargeaient d'exécuter les jugements. Après quelques questions, adressées au prisonnier, on disait, à la prison de la Force : « Élargissez, monsieur. » *Élargir* signifiait *tuer*. La victime était conduite vers une porte et massacrée. A l'Abbaye, on disait : « Conduisez monsieur à la Force. » C'était l'arrêt de mort. Quand on voulait épargner le prisonnier, on criait : « Vive la nation ! » Et il était mis en liberté. Les prêtres non assermentés, les Suisses, les gardes du corps, les royalistes connus, furent égorgés sans pitié. Dans le couvent des Carmes, cent soixante-quatorze prélats ou prêtres furent massacrés, et leur sang rougit encore les dalles de la chapelle.

Le massacre dura quatre jours et eut lieu dans toutes les prisons avec les mêmes formalités, preuve qu'il fut prémédité et organisé, et non amené par une fureur soudaine de la populace. Le salaire des assassins était fixé d'avance. Billaud-Varennes dit à ceux de l'Abbaye : « Mes amis, on aura soin de vous payer comme on est

convenu avec vous. » Il existe encore des bons de 24 fr.,
signés *Tallien* et *Méhée*, et tachés de sang, qui furent
payés par la caisse de la Commune pour chaque journée
de *travail* fait dans les prisons. On croit qu'il périt de
1500 à 2000 personnes.

Il y eut dans ces horribles journées quelques épisodes
touchants, que le cadre de ce livre ne permet pas de raconter. Citons seulement parmi les prisonniers échappés
au massacre, le général de Sombreuil, gouverneur des
Invalides, et Cazotte, ancien contrôleur de la marine,
écrivain facile et spirituel, sauvés par le courage et le
dévouement de leurs filles, qui, à force de supplications
et de larmes, attendrirent les bourreaux et les désarmè-
rent. La plus intéressante des victimes de septembre fut
la bonne et vertueuse princesse de Lamballe, amie de la
reine, accourue de Londres pour partager les dangers
de la famille royale. Elle était à la Force depuis le 10 août.
On lui demanda de jurer haine au roi et à la reine. « Je
ne puis faire ce serment qui n'est pas dans mon cœur, »
dit-elle. On la mit en pièces à coups de sabre, on livra
son corps à d'indicibles outrages, on lui coupa la tête et
on la porta au bout d'une pique, sous les fenêtres du
Temple, pour la montrer à la reine, puis sous les fenêtres du Palais-Royal, où le duc d'Orléans, son beau-frère,
allait se mettre à table avec quelques convives.

Durant ces quatre jours de massacres, que firent et les
constituants, et les girondins, qui dominaient l'assemblée
par leur éloquence, et le ministre de l'intérieur, le *ver-*
tueux Roland, et le maire de Paris, l'austère Péthion, et
les 500,000 habitants de Paris? Rien, rien. Tous restèrent dans une criminelle inaction devant 300 ou 400 assassins. L'assemblée entière et les ministres auraient dû
courir aux prisons et opposer leurs poitrines aux fers
des égorgeurs. Dussaulx, député modéré, envoyé à l'Abbaye en qualité de commissaire, y arriva à la tombée de

la nuit et vint dire à l'assemblée que les ténèbres ne lui avaient pas permis de voir ce qui se passait. On se contenta de ce rapport cruellement dérisoire. Si les girondins ne furent pas complices de *la Saint-Barthélemy* des jacobins, ils furent coupables d'une indigne faiblesse, qui équivaut à la complicité.

Pour diminuer l'horreur de ce forfait, la Commune prétendit qu'il était l'œuvre d'une fureur soudaine provoquée par les royalistes. Dans une adresse envoyée aux principales municipalités du royaume, elle dit que « les conspirateurs féroces, détenus dans les prisons de Paris, avaient été mis à mort par le peuple, » et elle exprima l'espoir que toute la nation adopterait ce moyen nécessaire de salut public. Quelques villes, entre autres Meaux, Reims, Caen, Lyon, Gisors, Versailles, imitèrent la capitale et laissèrent égorger des prêtres et des royalistes. A Versailles, 53 prisonniers amenés d'Orléans furent massacrés par des assassins accourus de Paris ; et Fournier l'Américain, leur chef, reçut les remercîments du ministre de la justice. « Celui qui vous remercie, dit Danton, ce n'est pas le ministre de la justice, c'est le ministre du peuple. »

Les apologistes des brigands qui ensanglantèrent Paris veulent faire des massacres de septembre un acte politique et ils lui attribuent le salut de la France. Le crime n'a jamais rien sauvé. Ce fut l'élan des volontaires, le courage des soldats, le génie de Dumouriez et la bravoure de Kellermann, qui arrêtèrent les progrès de l'invasion et sauvèrent la France.

Campagne de l'Argonne. Victoires de Valmy et de Jemmapes. — L'armée prussienne, après l'occupation de Verdun, avait pris lentement la route de Châlons-sur-Marne. Le roi Frédéric-Guillaume et le prince de Brunswick, trompés par les émigrés, regardaient la campagne comme une promenade militaire et ne se pressaient pas.

Ils parlaient avec dédain de nos jeunes volontaires et de nos officiers improvisés et sans expérience, qu'ils appelaient des tailleurs, des savetiers, des enfants. Dumouriez, successeur de La Fayette, qui avait été proscrit, accourut de Sedan et entreprit de les arrêter au passage de la forêt de l'Argonne, qui s'étend depuis cette ville jusqu'à Sainte-Menehould. Il fit occuper les cinq défilés qui la traversent et il adressa à l'assemblée cette dépêche laconique : « J'attends les Prussiens. Les défilés de l'Argonne sont les Thermopyles de la France ; mais je serai plus heureux que Léonidas. » Pendant dix jours, il déjoua tous les efforts que fit l'ennemi pour s'ouvrir un passage. Enfin le défilé de la Croix-au-Bois fut forcé et Dumouriez vit tourner toutes ses positions. Alors il leva rapidement ses différents quartiers, et alla établir son camp à Sainte-Menehould. Beurnonville et Kellermann lui amenèrent 10,000 hommes chacun.

Les Prussiens commencèrent l'attaque par une terrible canonnade contre le corps de Kellermann, posté sur le plateau de Valmy, un peu en avant de Sainte-Menehould. Un obus, tombé sur deux caissons, les fit sauter, et cet accident jeta le désordre dans les rangs de nos jeunes conscrits. Brunswick en profita pour lancer trois colonnes contre nos retranchements. Kellermann parcourut les rangs et s'écria en élevant son chapeau sur la pointe de son sabre : « Enfants, la victoire est à nous ; chargeons à la baïonnette. » Les Prussiens furent repoussés avec perte. Vers les quatre heures, ils revinrent à la charge et furent encore culbutés (20 septembre). Découragée par ce double échec, et travaillée par la disette et la dyssenterie, l'armée ennemie battit en retraite.

Pendant que les Prussiens étaient entrés en Champagne, les Autrichiens avaient pénétré en Flandre et bombardé Lille. Ils y jetèrent plus de 6,000 bombes et de 30,000 boulets rouges, et réduisirent en cendres plus de 400 maisons. Grâce au courage héroïque de la garnison et des habitants, ils se virent réduits à se retirer. Ils allèrent se retrancher sur les hauteurs du village de Jemmapes, en avant de Mons, dans une position formidable, hérissée de cent pièces de canon. Dumouriez, ayant réuni cent mille hommes, résolut de les attaquer, et la victoire justifia sa témérité. Les redoutes furent enlevées à la baïonnette, et l'armée autrichienne fut si démoralisée, qu'elle ne s'arrêta que derrière la Roer. La Belgique entière fut le prix de la bataille de Jemmapes (6 novembre).

La fortune ne nous fut pas moins favorable sur les autres parties du théâtre de la guerre. Sur le Rhin, le général Custine prit Worms, Spire et la forte place de Mayence ; et Montesquiou, général de l'armée des Alpes, fit la conquête de Nice et de la Savoie, qui furent réunies à la France.

Ce fut pendant cette campagne si glorieuse pour nos armes, qu'un capitaine du génie, nommé Rouget de Lisle, écrivit à Strasbourg en une nuit, paroles et musique, le fameux hymne de guerre, appelé d'abord le *Chant de l'armée du Rhin*, et ensuite la *Marseillaise*, parce qu'il fut chanté par les fédérés de Marseille marchant le 10 août à l'attaque du palais des Tuileries.

Pendant que nos soldats avaient triomphé de la coalition et porté les limites de la France jusqu'aux Alpes et à la Roer, l'Assemblée législative avait fait place à la Convention, qu'elle avait convoquée pour donner à la France un nouveau gouvernement.

CONVENTION

(21 SEPTEMBRE 1792 — 26 OCTOBRE 1795.)

Les partis. — Les élections de la Convention s'étaient faites sous l'influence du 10 août. Les nobles, les royalistes, les constituants, les hommes modérés avaient été obligés de se cacher ou de se tenir à l'écart, et une minorité violente avait nommé les députés, qui tous étaient républicains.

A la droite du président, les Girondins prirent la place des constituants. A gauche étaient les Montagnards, Jacobins et Cordeliers, qui avaient pour chefs Robespierre, homme vaniteux, envieux, partisan fanatique d'une égalité radicale ; Danton, le Mirabeau de la populace, qui voulait surtout satisfaire son grossier sensualisme, et le hideux Marat, qui dans sa rage d'égalité demandait l'anéantissement de tout ce qui dépassait le niveau égalitaire, et qui siégeait coiffé du bonnet rouge, vêtu de la carmagnole et chaussé en sabots. Au centre, appelé la Plaine ou le Marais, se placèrent les hommes à opinion flottante, modérés, timides, qui craignaient de se compromettre dans la lutte, et dont le vote donnait la majorité à l'un ou à l'autre parti. Les tribunes étaient occupées par des hommes et des femmes qui applaudissaient les montagnards et vociféraient contre leurs adversaires. Ces femmes, qui écoutaient les débats tout en tricotant, furent surnommées les *tricoteuses de Robespierre*, et les *furies de la guillotine*, parce qu'elles suivaient, en hurlant des insultes, la charrette des condamnés.

Le premier acte de la Convention fut de prononcer à l'unanimité la déchéance du roi et de proclamer la répu-

blique une et indivisible, avec la devise : Liberté, égalité, fraternité.

Unis pour renverser la royauté, les girondins et les
montagnards se divisèrent pour la possession du pouvoir. Les premiers, contents d'être arrivés à la république, ne trouvaient plus rien à réformer ; les seconds
voulaient continuer de démolir pour établir l'égalité sociale. Les girondins avaient pour eux la supériorité du
talent par leurs orateurs dans l'assemblée et par leurs
écrivains dans les journaux ; ils avaient, en outre, l'opinion publique, la plupart des fonctionnaires et les généraux Dumouriez, Custine, Biron, Montesquiou et Kellermann. Les montagnards compensaient leur infériorité
en éloquence et en talent par le fanatisme, l'audace,
l'énergie et la persévérance ; et ils étaient soutenus par
la commune, les sections armées de Santerre, les clubs
des Jacobins et des Cordeliers, et la populace, qui voulait abattre la bourgeoisie comme la bourgeoisie avait
abattu la noblesse. Malgré tous leurs avantages, les girondins succombèrent, parce qu'ils manquèrent de résolution et d'habileté politique. Ce n'étaient que des avocats éloquents. La plaine, dégoûtée par leurs fautes et
leur maladresse, craignit de se perdre avec eux et finit
par les abandonner.

Avant tout, les girondins auraient dû abattre le monstrueux despotisme de la Commune, qui dominait Paris
et l'assemblée, et se poser hardiment comme les défenseurs de l'ordre, de la légalité, de la propriété, de la justice. Il fallait organiser une garde départementale pour
protéger l'assemblée, ou la transférer dans une autre
ville. Après quelques déclamations contre les massacres de septembre, qu'ils n'avaient pas su empêcher,
ils demandèrent la formation d'une garde départementale ; mais ils reculèrent devant les murmures et ils se
livrèrent à de vaines et absurdes attaques contre quel-

ques individus. On accusa Robespierre d'aspirer à la dictature à une époque où il ne pouvait pas y avoir encore songé, et Marat d'avoir demandé l'établissement de la dictature, provoqué une nouvelle insurrection et cherché, *de concert avec le roi*, à ternir la réputation des membres de l'assemblée. La majorité se déclara satisfaite de leurs explications. C'était leur préparer un triomphe et les grandir aux yeux de leur parti.

Procès du roi. — A leur tour, les montagnards engagèrent la lutte avec audace et résolution en demandant le procès du roi. A leurs yeux, le supplice de Louis XVI était le meilleur moyen d'assurer le triomphe des républicains, d'enlever tout espoir aux royalistes et de mettre un abîme entre la république et la monarchie. « Jetons-leur une tête de roi, » dit Danton. La populace de Paris le désirait ; pour elle, le nom de roi résumait tous les abus de l'ancien régime. Si les girondins s'opposaient au procès, ils se perdaient dans l'opinion publique ; et s'ils l'acceptaient, ils n'auraient plus rien à reprocher aux auteurs des massacres de septembre. Les girondins ne comprirent pas que, s'ils étaient trop faibles pour résister à leurs adversaires, du vivant du roi, ils le seraient encore bien plus après sa mort. En livrant bataille pour le sauver, ils auraient eu l'appui des royalistes et des hommes modérés, et ils auraient obtenu la majorité dans l'assemblée, s'ils avaient montré du courage et de la résolution. Ils craignirent de faire douter de leur dévouement à la république ; ils acceptèrent le procès, et pour se montrer bons républicains, ils luttèrent d'acharnement avec les montagnards contre le malheureux Louis XVI. Les deux partis parurent oublier leurs querelles et agir de concert comme dans la journée du 10 août.

Un seul député, le breton Lanjuinais, eut le courage de s'opposer au jugement du roi. « Quoi, dit-il, vous seriez les conspirateurs du 10 août, les accusateurs, les jurés d'accusation, les jurés de jugement, les juges, après avoir exprimé vos avis, quelques-uns avec une férocité scandaleuse ! » Il ne se trouva que neuf voix pour le soutenir. Après trente séances de discussions, on décréta que Louis XVI serait jugé par la Convention. Le 11 décembre, le roi fut amené par Péthion à la barre de l'assemblée, pour entendre la lecture de l'acte d'accusation et pour répondre aux questions qui lui seraient adressées. La plupart des pièces produites contre lui avaient été découvertes dans une cachette, appelée depuis l'*armoire de fer*, et construite dans un corridor de son appartement par le serrurier Gamain, qui depuis dix ans travaillait avec lui et qui eut l'infamie de le dénoncer. Ces pièces prouvaient les secrètes intelligences du roi avec ses frères, avec les émigrés et les puissances étrangères. A ces griefs on ajouta celui d'avoir attaqué et fait massacrer le peuple dans cette journée du 10 août, qui avait été faite contre lui et dont les girondins et les jacobins se disputaient la gloire. Sur sa demande, on lui permit de se faire assister d'un conseil. De retour au Temple, on lui interdit toute communication avec sa famille, qu'il ne devait revoir que pour lui faire ses derniers adieux.

Louis XVI choisit pour défenseurs deux avocats célèbres, nommés Tronchet et Target, anciens membres de l'Assemblée constituante. Tronchet accepta avec joie cette dangereuse mission ; Target la refusa dans une lettre adressée à la Convention et signée *le républicain Target*. C'était refuser l'immortalité. Plus courageux, un vieillard de 72 ans, le vertueux Malesherbes, écrivit au président de la Convention pour solliciter l'honneur de défendre le roi, et sa demande fut exaucée. Lorsqu'il entra dans la prison, il fondit en larmes. « Votre sacrifice est d'autant plus généreux, lui dit Louis XVI, que vous exposez votre vie et que vous ne sauverez pas la mienne. N'importe, occupons-nous de mon procès comme si je pouvais le gagner. » Malesherbes et Tronchet s'adjoignirent un avocat plus jeune, nommé de Sèze, orateur facile et brillant, qui se chargea de porter la parole.

Le 26 décembre, Louis XVI fut de nouveau mené à l'assemblée pour être entendu. De Sèze lut son plaidoyer, qui dura deux heures. Il rappela que le roi avait donné sur le trône l'exemple des bonnes mœurs, que sa conduite avait toujours eu pour but le bonheur de ses sujets : il avait aboli le droit de joyeux avénement et les servitudes personnelles dans ses domaines, adouci la rigueur des lois criminelles, rendu aux protestants les droits de citoyen et aux Français leurs assemblées nationales, et accepté toutes les réformes faites par la Constituante. Loin de faire massacrer le peuple, il avait empêché ses gardes de se défendre à Versailles, préféré revenir captif à Paris plutôt que de verser le sang à Varennes, refusé tous les secours dans la journée du 20 juin, et envoyé aux Suisses l'ordre de cesser le feu dans celle du 10 août. Ensuite le défenseur prouva que la constitution de 1791, jurée par l'Assemblée constituante, par la Législative et par la Convention elle-même, déclarait le roi inviolable, et qu'elle ne prononçait que la déchéance, que depuis il était captif et n'avait rien pu faire, et que devenu simple citoyen, il avait droit aux garanties accordées par la loi à tout citoyen, c'est-à-dire à être jugé par le jury. Il termina par cette phrase courageuse : « Je cherche parmi vous des juges, et je n'y vois que des accusateurs. »

La discussion ouverte sur le sort de Louis XVI dura vingt-deux jours, depuis le 26 décembre jusqu'au 19 janvier. Pendant ce temps, la commune, les jacobins, les cordeliers, les égorgeurs de septembre, ne cessèrent de semer l'épouvante, d'effrayer les députés qui pouvaient être favorables au royal accusé. Ils les poursuivaient de clameurs féroces : « Ou sa tête, ou la tienne ! » leur criaient-ils. On obtint par la terreur tout ce qu'on désirait. Le 20 janvier, à trois heures du matin, la Convention déclara à l'unanimité *Louis Capet* coupable de conspiration contre la liberté de la nation et d'attentat contre la sûreté générale de l'État. Elle le condamna à la peine de mort, à la majorité de 433 voix contre 288; elle rejeta son appel au peuple, et décréta que son exécution aurait lieu dans les vingt-quatre heures. La plupart des hommes de la plaine, qui voulaient sauver le roi, votèrent la détention et le bannissement à la paix. Les girondins votèrent presque tous comme les montagnards. Parmi les votes, on remarqua avec horreur celui de Philippe-Égalité, duc d'Orléans, qui excita les murmures même de ses complices. « Uniquement occupé de mon devoir, dit-il, je vote la mort. »

Exécution de Louis XVI. — Depuis son entrée au Temple, Louis XVI s'était résigné au sort qui lui était réservé. Il espérait du moins qu'on épargnerait sa famille ; et c'est pour la sauver qu'il accepta le jugement de la Convention. Dès qu'il connut son arrêt, il demanda un délai de trois jours pour se préparer à paraître devant Dieu, et pour sa famille la permission de se retirer où elle le jugerait à propos. La Convention lui refusa le délai, et ajouta que la nation prendrait soin de sa famille et lui ferait un sort convenable.

La veille de son exécution, le roi obtint l'autorisation de voir sa famille. Ce fut une scène déchirante, qui dura près de deux heures. A minuit, il se coucha et dormit d'un profond sommeil. A six heures, il entendit la messe dans sa chambre et communia avec tous les sentiments d'une profonde piété. Il chargea Cléry, son valet de chambre, de dire à la reine, à sa sœur et à ses enfants que, s'il ne les revoyait pas, comme il le leur avait promis, c'était pour leur épargner la douleur d'une séparation si cruelle. « Combien il m'en coûte, ajouta-t-il, les larmes aux yeux, de partir sans recevoir leurs derniers embrassements ! »

A neuf heures, parut Santerre avec quelques municipaux et huit gendarmes. « Vous venez me chercher ?
demanda le roi. — Oui. » Le roi tendit son testament à
un municipal, nommé Jacques Roux, et le pria de le re-
mettre à la reine. « Cela ne me regarde pas, dit cet
homme, je ne suis ici que pour vous conduire à l'échafaud. » Un autre prit le papier. Alors le roi dit à Santerre : « Partons. »

Une voiture attendait dans la cour du Temple. Le roi
s'assit dans le fond avec son confesseur, l'abbé Edgeworth de Firmont; deux municipaux, nommés Jacques
Roux et Claude Bernard, anciens prêtres, se placèrent
sur le devant; ils s'étaient chargés de poignarder le roi,
s'il se faisait un mouvement en sa faveur. La marche
dura une heure au milieu d'un appareil militaire formidable. L'échafaud avait été dressé sur la place Louis XV,
à l'endroit où s'élève aujourd'hui l'obélisque. Alentour se
pressaient des hommes féroces choisis sur la motion de
Robespierre, par le club des Jacobins. Lorsque le roi fut
descendu de voiture, les bourreaux l'entourèrent pour
lui ôter son habit. Il s'y opposa et se déshabilla lui-
même. Alors ils voulurent lui lier les mains. Il les repoussa; ils insistèrent. « Sire, lui dit l'abbé Edgeworth,
dans ce nouvel outrage je ne vois qu'un nouveau trait de
ressemblance entre Votre Majesté et le Dieu qui va être
sa récompense. » Le roi se laissa lier. Il monta sur
l'échafaud en s'appuyant sur le bras de son confesseur;
et imposant silence par un regard à quinze ou vingt
tambours, il dit d'une voix forte : « Je meurs innocent
de tous les crimes qu'on m'impute. Je pardonne aux
auteurs de ma mort, et je prie Dieu que mon sang ne
retombe jamais sur la France. » A ces mots, un roulement
de tambours, ordonné par Santerre, couvrit sa voix. Il
se livra aux exécuteurs, pendant que l'abbé Edgeworth
lui disait : « Fils de saint Louis, montez au ciel. » A dix

heures vingt minutes, le régicide était consommé. Le corps de Louis XVI fut enterré au cimetière de la Madeleine, dans une fosse remplie de chaux vive, à l'endroit où l'on bâtit plus tard en son honneur une chapelle expiatoire.

Coalition contre la France. — Le supplice de Louis XVI augmenta le nombre des ennemis de la France. L'Angleterre, la Hollande, la Russie et l'Espagne se joignirent à la Sardaigne, à l'Autriche, à la Prusse et aux petits États de l'Allemagne et de l'Italie et formèrent une coalition redoutable pour étouffer le foyer d'une révolution qui menaçait tous les trônes et toutes les aristocraties de l'Europe. La Convention avait promis secours et fraternité à tous les peuples qui voudraient recouvrer leur liberté. Pour faire face à tant d'ennemis, on ordonna la levée de 300,000 hommes, choisis parmi les gardes nationaux de dix-huit à trente-cinq ans. Cette levée extraordinaire amena la guerre civile.

Insurrection de la Vendée (1793). — La Vendée, qui comprend les deux départements de la Vendée et des Deux-Sèvres, était restée dévouée aux idées anciennes. La persécution contre le clergé l'indigna ; la mort du roi la fit frémir d'horreur. A la nouvelle de la réquisition de 300,000 hommes, elle prit les armes. On sonne le tocsin dans toutes les paroisses ; les volontaires accourent en foule, et l'on s'empare de Fontenay, de Thouars, de Saumur et de Chollet. Les insurgés prirent pour chef le voiturier Cathelineau, ayant sous lui le garde-chasse Stofflet, l'officier de marine Charette, et quelques gentilshommes du pays, nommés de Bonchamp, d'Elbée, de Lescure et le jeune Henri de La Rochejaquelein.

Revers et défection de Dumouriez (1793). — La guerre étrangère eut dans le nord de tristes débuts. Dumouriez perdit, par la faute de ses lieutenants, contre le prince de Cobourg, qui commandait l'armée autrichienne, la bataille de Norwinde, entre Landen et Tirlemont, et il se vit obligé d'évacuer la Belgique et de se replier jusqu'à la frontière. Il attribuait ce revers aux Jacobins, qui l'avaient laissé manquer de tout et dont les émissaires avaient aliéné les Belges par leurs prédications démagogiques et leurs brigandages. Il résolut de marcher sur Paris avec ses troupes, de dissoudre la Convention et de donner un roi à la France. Il entra secrètement en pourparlers avec le prince de Cobourg et offrit de lui livrer en dépôt Condé, Valenciennes et quelques autres places, à condition qu'elles seraient rendues, dès qu'il aurait rétabli le gouvernement monarchique. Tout à coup les hostilités cessèrent, au grand étonnement des deux armées.

Bientôt Dumouriez vit arriver cinq commissaires de la Convention, qui lui ordonnèrent de se rendre à Paris pour expliquer sa conduite. « Des tigres veulent ma tête, leur répondit-il, et je ne veux pas la leur donner. — Eh bien, dit Camus, un des commissaires, je vous suspends de vos fonctions, et j'ordonne qu'on s'empare de vous. — C'est trop fort, » dit le général. Il appela des hussards, qui lui étaient dévoués, fit saisir les cinq commissaires et les livra aux Autrichiens, qui les traitèrent en prisonniers de guerre. Dumouriez se trompait sur les dispositions de son armée. Dès qu'elle soupçonna ses intelligences avec l'ennemi, elle refusa de reconnaître son autorité, et se mit sous les ordres du général Dampierre. Dumouriez abandonné passa aux Autrichiens avec le général Égalité, son lieutenant, qui fut depuis le roi Louis-Philippe.

Mesures terribles : Comité de salut public et tribunal révolutionnaire (mars et avril 1793). — La frontière du nord était compromise, et la France, en proie à la guerre civile, était menacée d'une invasion étrangère. Pour tenir tête à l'orage, la Convention prit des mesures terribles. Elle décréta la dictature et la confia à un comité de salut public, composé de douze membres, dont les séances devaient être secrètes, et qui adopta toutes les mesures pratiquées dans une ville assiégée ou dans un vaisseau en péril. Barrère, ancien magistrat, en devint le secrétaire et l'orateur : c'était un homme doué d'une grande facilité pour rédiger un rapport et pour orner de fleurs de rhétorique les résolutions les plus violentes. Il disait « que l'arbre de la Liberté ne croît qu'arrosé par le sang des tyrans, » et que « le vaisseau de la Révolution ne peut voguer que sur des flots de sang. » On le surnomma l'Anacréon de la guillotine. Au comité du salut public la Convention ajouta un comité de sûreté générale de 24 membres, chargé de faire arrêter les traîtres, les conspirateurs et même les suspects, et un tribunal révolutionnaire, qui devait juger sans appel et confisquer les biens des condamnés. Elle décréta qu'elle livrerait ceux de ses membres qui seraient soupçonnés de complicité avec les ennemis de la liberté, de l'égalité et du gouvernement républicain. La Gironde accepta tous ces décrets, dans la crainte de faire douter de son civisme et d'exposer sa popularité.

Chute des Girondins (31 mai et 2 juin). — Les dangers publics, loin de calmer la haine des deux partis, ne firent que l'envenimer. Chacun d'eux reprochait à l'autre de les avoir causés dans un but d'ambition. La Montagne accusait la Gironde d'exciter les départements contre Paris, de vouloir démembrer la France et l'ouvrir aux armées étrangères. Les girondins accusaient Robespierre, Danton et Marat de chercher à former un triumvirat pour annihiler le pouvoir de la Convention, de concert avec Pitt et Cobourg. Tout cela était absurde. Marat donnait plus de prise. Dans son infâme journal, ce scélérat avait excité la populace à piller les boutiques des épiciers, et chaque jour il demandait 300,000 têtes, sous prétexte qu'il y avait bien 300,000 nobles et prêtres, avec leurs partisans, qui conspiraient contre la sûreté de l'État. Il avait écrit, comme président du club des Jacobins, une adresse aux sociétés révolutionnaires des départements, où il invoquait « le tonnerre des pétitions et des accusations contre les traîtres et les délégués infidèles qui avaient voulu sauver le tyran en votant l'appel au peuple ou la réclusion. » Guadet le dénonça ; et la Plaine s'étant unie à la Gironde, il fut traduit devant le tribunal révolutionnaire. C'était l'envoyer au Capitole. En effet, juges et jurés proclamèrent, à l'unanimité, l'innocence de l'ami du peuple, qui, la tête couronnée de laurier, fut insolemment porté en triomphe dans la Convention sur les bras de jacobins déguenillés.

Pendant que les girondins faisaient de beaux discours et se livraient à de maladroites accusations, les montagnards agissaient avec leur audace et leur résolution ordinaires, et organisaient contre leurs adversaires une insurrection formidable, qui rappelle celle du 10 août contre la royauté. Isnard dénonça le complot, et l'assemblée nomma une commission de douze membres pour faire arrêter les conspirateurs. Au lieu de casser la commune de Paris, la commission des douze fit arrêter quelques démagogues, entre autres l'ignoble Hébert, substitut du procureur de la commune et rédacteur de l'infâme journal *Le Père Duchêne*. Aussitôt la commune se déclara en permanence, et envoya Pache, maire de Paris, demander à la Convention la liberté des patriotes. Une lutte terrible eut lieu. Enfin la plaine céda par peur, selon son habitude, et l'assemblée décréta la délivrance d'Hébert et de ses complices.

Ce premier succès devait faire présager le triomphe de l'insurrection. Dans la nuit du 30 au 31 mai, un comité révolutionnaire, assemblé à l'archevêché, se saisit de l'autorité dans Paris, de l'aveu de la commune, et nomma Henriot, ancien commis aux barrières, commandant général de la garde nationale. A trois heures du matin, il commença à faire sonner le tocsin, tirer le canon d'alarme et battre la générale. On promit deux francs par jour à ceux qui prendraient les armes. Au point du jour, 30,000 hommes cernaient le palais des Tuileries, où depuis un mois siégeait la Convention. Des pétitionnaires entrèrent dans la salle et demandèrent la suppression de la commission des douze et l'arrestation de vingt-deux girondins. La journée entière se passa en débats tumultueux, en cris forcenés. Le boucher Legendre frappa le girondin Lanjuinais et l'accabla d'injures dégoûtantes. Enfin, vers minuit, l'assemblée décréta la suppression de la commission des douze, puis elle se sépara.

Le lendemain, la séance fut encore fort orageuse. A neuf heures du soir, une députation du comité révolutionnaire vint demander l'arrestation des vingt-deux. Pour gagner du temps, l'assemblée chargea le comité de salut public de lui faire un rapport sur la pétition. Les pétitionnaires s'en retournèrent fort mécontents.

Les chefs du complot, impatients de tout délai, résolurent d'en finir. Le 2 juin, 80,000 hommes armés, commandés par Henriot, investirent le palais des Tuileries. Une députation des insurgés entra dans la salle. « Nous venons pour la dernière fois, dit-elle, vous demander l'arrestation provisoire de ces hommes. » L'assemblée épouvantée céda devant la force brutale, et décréta que les vingt-deux girondins et les douze membres de la commission seraient provisoirement suspendus de leurs fonctions et gardés chez eux par des gendarmes.

Quelques girondins, comme Vergniaud et Gensonné, obéirent au décret de la Convention et restèrent dans leur domicile. Les autres, comme Guadet, Buzot, Péthion, Barbaroux, Lanjuinais, s'échappèrent et se réfugièrent en Normandie, où ils avaient de nombreux partisans. Ils se flattaient de soulever les départements contre la tyrannie de la capitale ; ils se trompèrent. La France ne voulait pas plus de leur république que de celle des montagnards. Elle éprouvait peu de sympathie pour ces hommes qui avaient fait le 20 juin et le 10 août, laissé commettre les massacres de septembre, voté toutes les lois de spoliation et de sang, et contribué au régicide du 21 janvier, jour de deuil pour les anciens royalistes et les constitutionnels. Ils n'avaient pour eux que les républicains modérés, peu nombreux alors comme aujourd'hui. Une soixantaine de départements s'agitèrent ; mais il n'y eut que Caen, Bordeaux, Marseille, Toulon, Lyon et quelques autres villes qui prirent les armes ; encore agirent-elles sans ensemble, et Toulon commit la faute impardonnable de livrer aux Anglais son port et la flotte de la Méditerranée.

Événements militaires. — Pendant que la guerre civile menaçait de déchirer l'intérieur, nos armées éprouvaient des revers sur toutes les frontières. Les Espagnols pénétrèrent en Béarn et en Roussillon ; les Autrichiens s'emparèrent de Condé, de Valenciennes, du Quesnoy et de Landrecies ; les Prussiens nous enlevèrent Mayence, forcèrent les lignes de Weissembourg et entrèrent en Alsace.

Le double danger de la guerre extérieure et de la guerre civile porta jusqu'à la fureur l'énergie révolutionnaire. « La France n'est plus qu'une grande ville assiégée, dit Barrère, au nom du comité de salut public ; il faut qu'elle ne soit plus qu'un vaste camp. Tous les âges sont appelés par la patrie à défendre la liberté : les jeunes gens combattront, les hommes mariés forgeront des armes, les femmes feront les habits et les tentes des soldats, les enfants mettront le vieux linge en charpie, et les vieillards se feront porter sur les places publiques pour enflammer tous les courages. » La Convention dé-

créta la levée de 1,200,000 hommes ; un emprunt forcé
et progressif d'un milliard sur les riches ; la loi des suspects, qui atteignait les nobles, les royalistes, les modérés de toute sorte, et qui amena l'arrestation de plus de
300,000 personnes ; la loi du *maximum*, qui prescrivait
aux officiers municipaux de fixer le prix des denrées, des
comestibles, du fer, des étoffes, et qui fut la ruine du
commerce. A Paris, par exemple, le pain fut taxé à
trois sous la livre. Comme il coûtait davantage aux boulangers, le gouvernement leur payait la différence, et la
capitale vivait aux dépens des départements. Une armée
révolutionnaire, composée de 6 à 7000 anarchistes de
Paris, et commandée par Ronsin, méchant écrivain dra-
matique, fut chargée de parcourir la France avec la
guillotine et de punir les ennemis de la république. Cette
bande dévastatrice marqua son passage par les exécu-
tions, la dévastation des églises, des châteaux, des couvents et laissa une longue traînée de sang et de ruines.

La France dut son salut, non aux fureurs des montagnards, mais à l'habileté de ses généraux, au patriotisme
et à la valeur de ses soldats. Dans le nord, le général
Houchard battit le duc d'York à Hondschoote et délivra
Dunkerque. On l'accusa de n'avoir pas su profiter de sa
victoire, et il fut remplacé par Jourdan, qui défit les Autrichiens à Wattignies, pendant que Hoche et Pichegru
reprenaient Weissembourg sur les Prussiens et les re-
poussaient jusque sous le canon de Mayence.

Soumission de l'intérieur. — Mais ce furent l'audace
et l'énergie de la Convention qui triomphèrent des ennemis intérieurs. Les girondins étaient parvenus à lever
une petite armée de 4000 hommes, et en avaient donné
le commandement au général Wimpfen et au royaliste
Puisaye, qui marchèrent sur Paris. Atteints à Vernon
sur la Seine, ils furent mis en déroute et dispersés. Les
chefs se sauvèrent en Angleterre, et les députés allèrent

chercher un asile dans le midi. Bordeaux et Marseille n'opposèrent qu'une faible résistance. Lyon et Toulon soutinrent seuls un siége vigoureux. Les Lyonnais, accablés par des forces supérieures, se soumirent les premiers. De là l'armée révolutionnaire s'avança contre Toulon, sous les ordres du général Dugommier. La division régnait dans la ville entre les Anglais et les Espagnols, entre les royalistes et les républicains. Le fort de l'Éguillette, que l'on croyait imprenable et que les Anglais appelaient le *petit Gibraltar*, fut emporté d'assaut, grâce au génie d'un jeune officier d'artillerie, nommé Bonaparte, et les canons furent tournés contre la flotte anglaise, qui mouillait dans la rade. L'amiral Hood, craignant un désastre, évacua la place, après avoir fait mettre le feu à l'arsenal, aux chantiers et aux vaisseaux qu'il ne pouvait pas emmener. Ce fut une perte douloureuse pour la marine française.

Les insurgés de la Vendée ne furent pas plus heureux que ceux du midi. Maîtres de Saumur, ils osèrent marcher sur Nantes et attaquer cette grande ville pour disposer du cours de la Loire. Ils furent repoussés après un combat acharné de quinze heures, où ils perdirent beaucoup de monde et leur généralissime, le brave et pieux Cathelineau. Rentrés dans leur pays, ils furent encore vainqueurs pendant trois mois de toutes les troupes envoyées contre eux. L'imprudence qu'ils eurent de livrer bataille en plaine leur attira, à Chollet, une sanglante défaite. Craignant d'être exterminés dans leur pays, ils passèrent la Loire au nombre de quatre-vingts mille hommes, femmes et enfants, et ils s'avancèrent jusqu'à Granville, où ils espéraient trouver des secours promis par l'Angleterre. Ils ne trouvèrent rien, et ils reprirent la route de la Vendée. Ils furent battus au Mans et taillés en pièce à Savenay, où tout fut tué ou pris ; un millier d'hommes à peine échappèrent au désastre.

Vengeances contre les vaincus. — La guerre civile était étouffée. Pour l'empêcher de renaître, des colonnes infernales parcoururent la Vendée dans tous les sens, le fer et la flamme à la main, et promenèrent la terreur dans ce malheureux pays. Le châtiment des vaincus ne fut pas moins atroce dans les autres départements. La Convention y envoya des représentants revêtus de pouvoirs illimités pour y exercer ses vengeances. Tallien à Bordeaux, Fréron à Marseille et à Toulon, Couthon, Collot-d'Herbois et Fouché à Lyon, Maignet à Orange, Joseph Lebon à Arras, Carrier à Nantes, Schneider, prêtre apostat, en Alsace, rivalisèrent de fureur et surpassèrent les horreurs les plus sanglantes dont l'histoire ait conservé le souvenir.

A Lyon, la Convention ordonna de démolir les maisons de tous les ennemis de la république. Le paralytique Couthon se faisait porter devant les maisons condamnées et les frappait avec un petit marteau d'argent. « Maison rebelle, disait-il, je te frappe au nom de la loi. » On employa plus de dix mille ouvriers à cette œuvre de destruction, pendant qu'une commission de cinq juges, semblables à ceux de septembre, envoyait à la mort plus de dix-sept cents personnes. On finit par trouver trop lents le marteau et la guillotine, et l'on eut recours à la mine contre les maisons et à la mitraille contre les hommes, qui furent exterminés en masse. Lyon, réduit aux édifices publics et aux maisons des pauvres et des républicains, reçut le nom de *Commune-Affranchie*.

A Nantes, Carrier, fatigué de guillotiner, imagina les noyades dans des bateaux à soupape, qu'il chargeait de victimes, hommes, femmes et enfants, et qu'il faisait couler à fond dans la Loire. Le monstre appelait cela *déporter verticalement*. Il faisait lier ensemble et jeter dans la Loire des hommes et des femmes nus, ordinairement un prêtre et une religieuse, et il appelait cela des *mariages républicains*.

En Artois, Lebon, prêtre apostat, habitait et mangeait avec les juges, les jurés et le bourreau. Il fit périr plus de cinq cents personnes, accusées de correspondre avec des émigrés, de parler contre les patriotes, de réciter des paroles fanatiques sur un chapelet. Un religieux octogénaire, nommé Ansart, refusa de prêter le serment civique. « Plus Ansart est vieux, dit Lebon, plus son aristocratie est enracinée, » et il l'envoya à l'échafaud. « La femme d'un guillotiné ne peut pas être patriote, » disait-il encore, et il faisait guillotiner les veuves de ses victimes.

A Paris, l'histoire n'a, pendant un an, que des assassinats à raconter ; c'est l'histoire de l'échafaud. Chaque jour, des charrettes allaient se charger de victimes aux prisons, les portaient au tribunal et de là à la guillotine dressée sur la place de la Révolution, sur celle de la Bastille et à la barrière du Trône. Comme les biens des condamnés étaient confisqués, Barrère disait : « La république bat monnaie sur la place de la Révolution. » Accordons, en passant, un souvenir à quelques victimes.

Une jeune fille, belle, exaltée par l'amour de la patrie et de la liberté, nommée Charlotte Corday, descendante du grand Corneille, crut sauver la France en tuant Marat. Partie de Caen, elle arriva à Paris, se présenta chez Marat, qui la reçut au bain, et elle le frappa d'un coup de couteau. Elle fut traduite devant le tribunal révolutionnaire. « J'ai tué un homme pour en sauver cent mille, dit-elle ; un scélérat pour sauver des innocents ; une bête féroce pour donner le repos à mon pays. » Le jour même elle fut guillotinée (17 juillet).

Supplice de la reine. — La victime la plus illustre fut la reine. Dans la nuit du 1er au 2 août, Marie-Antoinette fut enlevée du Temple et enfermée à la Conciergerie. Elle eut dans son cachot deux gendarmes, dont elle n'était séparée que par un paravent. Le 15 octobre, sur la motion de Robespierre, qui avait joué le rôle le plus actif dans le procès du roi, la reine fut traduite devant le tribunal révolutionnaire. On l'accusait « d'avoir livré à l'Empereur, son frère, les trésors de la France, ourdi l'horrible conspiration du 10 août et coopéré à des manœuvres tendant à allumer la guerre civile, à fournir des secours en argent aux ennemis et à leur ouvrir l'entrée du territoire. » A ces griefs absurdes le cynique Hébert, substitut du procureur de la commune, en ajouta de révoltants, de monstrueux. Il accusa la reine d'avoir corrompu les mœurs de son fils, enfant de sept ans, afin de l'énerver, de l'hébéter, et de régner sous son nom. Comme Marie-Antoinette gardait le silence, le président l'interpella. « La nature se refuse à répondre à une pareille imputation faite à une mère, dit-elle avec une vive émotion. J'en appelle à toutes celles qui peuvent se trouver ici. » Après une séance de vingt heures, Marie-Antoinette fut déclarée coupable de conspiration et condamnée à mort. A quatre heures du matin, elle rentra dans sa prison, transie de froid. Elle s'enveloppa les pieds d'une couverture de laine et écrivit à la princesse Elisabeth une noble et touchante lettre d'adieu, qui est digne du testament de Louis XVI. Puis elle s'endormit. A onze heures, elle fut menée au supplice sur une charrette, les mains liées derrière le dos, poursuivie par les outrages des furies de la guillotine. Elle monta d'un pas ferme sur l'échafaud, et mourut en digne fille de Marie-Thérèse.

Supplice des Girondins. — Après le procès de la reine vint celui des girondins. Vergniaud plaida sa cause et celle de ses amis avec tant de raison et d'éloquence, qu'il arracha à l'auditoire des murmures d'admiration. Les juges étaient embarrassés. Robespierre leur vint en aide. Il fit rendre un décret qui autorisait le tribunal à couper court aux débats, dès que la conscience du jury serait suffisamment éclairée. Là dessus, on prononça la sentence de mort. L'un des accusés, nommé Valazé, se perça d'un coup de poignard. Les autres allèrent au supplice en chantant la Marseillaise. Ainsi périrent, la plupart à la fleur de l'âge, Vergniaud, Gensonné, Brissot et dix-huit autres girondins. Soixante-treize de leurs collègues, qui avaient protesté contre leur arrestation, et avaient été emprisonnés, ne partagèrent pas leur supplice (31 octobre).

Madame Roland, arrêtée le 2 juin avec ses amis, les suivit de près à l'échafaud. A la vue d'une statue de la liberté, elle s'écria : « O liberté ! que de crimes on commet en ton nom ! » Elle s'en apercevait bien tard. L'héroïne de la Gironde mourut à trente-neuf ans avec un courage stoïque. Madame Roland a laissé sur sa vie des *mémoires* écrits d'un style fier, énergique, quelquefois éloquent, mais trop privés de grâce et de délicatesse morale, et souillés par le mauvais goût et par des crudités grossières (8 novembre).

En apprenant la mort de sa femme, Roland, caché à Rouen, sortit de sa retraite et alla se percer d'une canne à épée dans un parc, près du bourg de Baudoin. On trouva son corps au pied d'un chêne avec ces mots : *Roland. Respectez les restes d'un homme vertueux.* Roland ignora sans doute que les dernières pensées de sa femme n'avaient pas été pour lui.

D'autres girondins eurent un sort non moins funeste. Guadet, Salles et Barbaroux, découverts dans un souterrain près de Saint-Emilion, furent guillotinés à Bordeaux. Buzot et Péthion se tuèrent dans un bois, et l'on trouva leurs corps à demi dévorés par les loups. Condorcet, arrêté dans un cabaret de Clamart, s'empoisonna dans la prison de Bourg-la-Reine. Lanjuinais et quelques autres, cachés dans des asiles sûrs, attendirent la fin de la tempête.

Le duc d'Orléans, emprisonné après la défection de son

fils, avait été envoyé à Marseille. Il fut ramené à Paris et cité devant le tribunal révolutionnaire. On l'accusa d'avoir voulu placer le duc d'York sur le trône de France. « En vérité, dit-il, ceci a l'air d'une plaisanterie. Vous auriez dû chercher des prétextes plus plausibles. Au reste, puisque mon sort est décidé, je vous demande de ne pas me faire languir ici. » Il fut mené sur-le-champ au supplice (6 novembre).

Près de deux cents membres de l'Assemblée constituante périrent alors ou plus tard victimes de l'ouragan qu'ils avaient contribué à déchaîner. Parmi eux on distinguait Bailly, ancien maire de Paris, et Barnave, l'orateur le plus éloquent après Mirabeau. Le tribunal révolutionnaire ordonna que l'exécution de Bailly aurait lieu au Champ de Mars, à l'endroit même où il avait fait massacrer le peuple. A l'arrivée du cortége, la populace s'écria que le sang d'un scélérat ne devait pas souiller le sol sacré de la fédération. On démonta l'échafaud et on le dressa sur un fossé. Pendant ces affreux préparatifs, la victime resta la tête nue et sans son habit, exposée à une pluie glaciale et aux outrages de quelques misérables. « Tu trembles, Bailly, lui dit un de ses bourreaux. — Mon ami, j'ai froid, » répondit-il. Ce vénérable vieillard mourut avec cette gaieté française qui, selon son expression, produit le même effet que le stoïcisme (12 novembre).

L'armée fournit aussi son contingent à la guillotine. On y envoya le général Custine et son fils, pour avoir rendu Mayence; le général Houchard, accusé de s'être laissé corrompre par le duc d'York, qu'il avait battu à Hondschoote; le général Beauharnais, dont la veuve et les enfants étaient réservés à de hautes destinées; le général Dillon, le duc de Biron, le vieux maréchal Luckner et bien d'autres généraux et officiers supérieurs.

Non contente de guillotiner les vivants, la Convention

voulut faire la guerre aux morts. Elle ordonna la destruction des caveaux de Saint-Denis, où reposaient les rois, à qui la France devait l'unité de son territoire. Les tombes furent brisées et les corps de saint Louis, de Charles V, de Louis XII, de Henri IV, furent arrachés, profanés et jetés dans une fosse commune du cimetière de la ville. On s'attaqua à toutes les anciennes institutions, et l'on supprima les universités, les académies, les colléges, les écoles publiques, les sociétés savantes. « Laissons les talents aux aristocrates, disait Collot-d'Herbois, à nous la vertu suffit. »

Culte de l'athéisme. — On voulut anéantir aussi le christianisme, « détrôner le roi du ciel aussi bien que les rois de la terre. » Le 5 novembre, Gobel, évêque de Paris, cédant aux menaces d'Hébert et de Chaumette, se rendit à la Convention, accompagné de ses vicaires et de ses prêtres, tous coiffés du bonnet rouge, et suivi de sans-culottes qui menaient des ânes et des mulets couverts d'ornements sacerdotaux. Il déclara qu'il avait été hypocrite pendant soixante ans de sa vie, que la religion qu'il professait n'avait pour base que le mensonge et l'erreur. « Puisque désormais il ne doit plus y avoir, ajouta-t-il, d'autre culte que celui de la liberté et de la sainte égalité, je renonce à mes fonctions de ministre du culte catholique. » A son exemple, un ministre protestant, Julien, de Toulouse, fit la même abjuration. L'assemblée, entraînée par les athées de la commune, décréta qu'un culte *raisonnable* remplacerait le culte chrétien et que l'église de Notre-Dame serait consacrée au culte de la Raison.

Sans perdre de temps, les apôtres de l'athéisme organisèrent avec une grande pompe le culte de la Raison dans la cathédrale de Paris. Au milieu de la nef on éleva une grande estrade en forme de montagne, éclairée par le flambeau de la Vérité et surmontée du temple de la Raison.

Une jeune et belle femme, à peine vêtue, sortit du temple, portée sur un palanquin et suivie d'un brillant cortége. Elle se plaça sur un siége de verdure et y reçut l'encens et les hommages de ses adorateurs, pendant que les chanteurs des théâtres lyriques chantaient un hymne de Joseph Chénier, et que des jeunes filles, habillées de blanc, couronnées de chêne, portant un flambeau allumé, allaient et venaient sur la montagne. C'était une scène d'opéra. Le culte de la Raison fut inauguré dans toutes les villes de France, et des femmes sans mœurs trônèrent sur les autels, entourées de canonniers qui, la pipe à la bouche, leur servaient de pontifes et de prêtres. Alors éclata contre le clergé constitutionnel la persécution qui sévissait contre le clergé non assermenté. Les prêtres furent chassés de leurs églises transformées en temples, en étables, en cabarets ; les statues des saints furent brisées, les tableaux déchirés, les vases sacrés profanés : d'ignobles mascarades, où l'on vit des ânes chargés d'ornements sacerdotaux, de calices, de ciboires, de croix, parodièrent les cérémonies les plus augustes de la religion. La stupide commune fit brûler sur la place de Grève les reliques de sainte Geneviève, patronne de Paris, parce qu'elles avaient contribué « à faire bouillir la marmite des rois fainéants ; » elle décréta la démolition des clochers « qui, par leur domination sur les autres édifices, semblaient contrarier les principes de l'égalité. »

Calendrier républicain. — Avant d'abolir le christianisme, la Convention avait remplacé l'ère chrétienne par une ère nouvelle et avait décrété qu'elle commencerait le 22 septembre 1792, jour anniversaire de la fondation de la république, qui coïncidait avec l'équinoxe d'automne. L'année fut divisée en douze mois de trente jours chacun, nommés *vendémiaire, brumaire, frimaire*, pour l'automne ; *nivose, pluviose, ventose*, pour l'hiver ; *ger-*

minal, floréal, prairial, pour le printemps; *messidor, thermidor, fructidor,* pour l'été. Ces noms, empruntés à la température et à l'agriculture de la France, n'offraient que des contre-sens pour nos antipodes. Le mois fut divisé en trois parties de dix jours chacune, appelées *décades;* les noms des jours de la décade furent tirés de leur rang d'ordre : *primidi, duodi, tridi,* etc. Le *décadi* ou dixième jour était un jour de fête et de repos. On remplaça le nom des saints par celui d'un animal, d'une plante ou d'un instrument aratoire. Pour compléter les trois cent soixante-cinq jours de l'année, on ajouta cinq jours, appelés d'abord *sansculottides,* puis *complémentaires,* et destinés à des fêtes en l'honneur de la vertu, du génie, du travail, etc.

Ce singulier calendrier fut suivi jusqu'en 1806.

Chute des Hébertistes et des Dantonistes (mars 1794). — Après la défaite des girondins, leurs vainqueurs s'étaient divisés pour se disputer le pouvoir. Quelques montagnards, comme Danton et Camille Desmoulins, trouvaient qu'on avait versé assez de sang, et ils voulaient abattre la dictature du comité de salut public, rétablir l'indépendance de la Convention et arrêter les proscriptions. Hébert, Chaumette et les autres membres de la commune, qui avaient fait proclamer le culte de l'athéisme, sous le nom de culte de la Raison, aspiraient à établir la plus extrême démocratie, à abolir la propriété par le pillage et la famille par la débauche la plus monstrueuse. D'autres, enfin, comme Robespierre et Saint-Just, son disciple, qui dominaient dans le comité de salut public, croyaient la dictature encore nécessaire pour continuer la guerre contre l'Europe, écraser les ennemis intérieurs et établir le règne de l'égalité sans tomber dans l'anarchie. La modération des dantonistes et l'exagération des hébertistes parurent à Robespierre un double écueil où pouvait se briser le vaisseau de la république. Il résolut de les exterminer les uns après les autres. Saint-Just dénonça les hébertistes à la Convention et les accusa de corrompre le peuple par leurs vices et leurs excès, et de servir l'étranger par leurs extravagances et leurs folies, qui déshonoraient la république. Hébert, Chaumette, l'évêque apostat Gobel, le baron prussien Clootz, l'orateur du genre humain, et quelques autres scélérats furent arrêtés et envoyés à l'échafaud (13 mars).

La population de Paris avait applaudi au supplice des anarchistes. Encouragé par ce succès, le comité de salut public se prépara à frapper Danton et ses amis. On l'engageait à fuir : « Est-ce qu'on emporte sa patrie à la semelle de ses souliers ? » dit-il. La veille de son arrestation, on le pressa vivement de se mettre en garde contre ses ennemis et de faire entendre sa voix si puissante sur la Convention : « Ils n'oseraient, » répondit-il. Dans la nuit du 30 au 31 mars, Danton, Camille Desmoulins, le général Westermann, Hérault de Séchelle, l'ex-capucin Chabot, Fabre d'Églantine, ancien comédien et auteur comique, et quelques autres furent arrêtés et traduits devant le tribunal révolutionnaire. On leur reprocha leurs passions vénales, leurs complots avec les royalistes, leur criminelle modération, qui voulait sauver les ennemis de la république et qui compromettait le salut de la révolution. Comme leur défense remuait le peuple et embarrassait les juges, on coupa court aux débats par une sentence de mort. Ils furent guillotinés au nombre de quatorze.

Dictature de Robespierre. — Alors tout fléchit devant Robespierre, Couthon et Saint-Just, fanatiques austères, qui formèrent une espèce de triumvirat et dominèrent les comités et la Convention. Une des premières mesures de Robespierre fut de faire décréter l'existence de l'Être suprême et la célébration d'une fête qui eut lieu le

8 juin, dans le jardin des Tuileries. Robespierre, élu par faveur président de la Convention, en fut le pontife. Il arriva la figure rayonnante de joie, contre son ordinaire, précédant ses collègues, et tenant à la main des fleurs et des épis. Les députés se placèrent sur un vaste amphithéâtre qui s'élevait jusqu'au balcon du pavillon de l'Horloge, en face de la guillotine voilée ce jour-là de riches draperies. Robespierre prononça un discours laborieusement travaillé contre les rois et les prêtres, et le termina par cette phrase sinistre : « Livrons-nous aujourd'hui aux transports d'une pure allégresse ; et demain reprenant nos travaux, nous frapperons avec une nouvelle ardeur sur tous les ennemis de la patrie. »

Ce ne fut pas une vaine menace. Le gouvernement terroriste redoubla d'énergie et de cruauté. Pour agir avec plus d'ensemble, on remplaça les ministères par une commission du comité de salut public ; on abolit tous les comités révolutionnaires, excepté celui de la commune de Paris ; on ferma tous les clubs, excepté celui des Jacobins. L'atroce décret du 22 prairial (10 juin), rendu sur la motion de Couthon, divisa le tribunal révolutionnaire en quatre chambres, afin qu'il allât quatre fois plus vite, et supprima les témoins et les défenseurs. Ce fut la terreur dans la terreur. En moins de six semaines il périt à Paris plus de 1,400 personnes, la plupart condamnées sous l'accusation banale de « complot contre la liberté et la souveraineté du peuple. » Chaque jour, on envoyait à la guillotine de 50 à 60 victimes, c'est ce que Fouquier-Tinville, accusateur public, appelait des *fournées*. «Frappez, frappez, disait Barrère ; il n'y a que les morts qui ne reviennent pas. » Barrère se trompait : le sang des victimes de la terreur crie encore contre leurs bourreaux et contre la cause pour laquelle on l'a répandu.

On vit monter sur l'échafaud les membres des plus illustres familles de France, des Montmorency, des

Rohan, des La Trémoille, des Noailles, des Gramont, et tant d'autres ; les maréchaux de Mouchy et de Mailly, le général d'Estaing, soixante-seize membres des anciens parlements, trente-trois fermiers généraux, et parmi eux Lavoisier, homme de génie, père de la chimie moderne, qui ne put obtenir un sursis pour terminer une expérience. On lui répondit que la république n'avait pas besoin de chimistes. Le même jour vit périr le vertueux Malesherbes avec sa fille, sa petite-fille, son gendre, le président de Rosambo, son petit-gendre, le comte de Chateaubriand, frère aîné du grand écrivain, et trois membres de l'Assemblée constituante : d'Espréménil, ancien chef de l'opposition parlementaire ; Thouret, rédacteur de la constitution de 1791 ; et Chapelier, rédacteur de l'acte qui avait aboli la noblesse. La gaieté spirituelle de Malesherbes rappelle celle de sir Thomas More, cette noble victime de la terreur de Henri VIII. Lorsqu'il entra dans la prison, tous les captifs le saluèrent avec respect. « Comment ! vous, M. de Malesherbes ? — Que voulez-vous ? répondit-il ; je me suis avisé dans mes vieux ans d'être un mauvais sujet, et l'on m'a mis en prison. » En allant au tribunal révolutionnaire, il fit un faux pas. « C'est de mauvais augure, dit-il en souriant ; un Romain rentrerait chez lui. »

Cependant l'atroce Fouquier-Tinville se plaignait qu'on n'allât pas assez vite. Il agissait avec une fureur si précipitée, que souvent il fit condamner un innocent pour un autre. Un jour, au lieu d'un vieillard, on prit un enfant. Il réclama : « Je n'ai que seize ans, » dit-il. — « Tu en as soixante pour le crime, » lui répondit Dumas, président du tribunal révolutionnaire ; et il l'envoya à la mort. Un jeune homme de vingt ans fut exécuté comme ayant un fils émigré. Loiserolles, lieutenant général d'artillerie, âgé de soixante et un ans, répondit au nom de son fils, jeune homme de vingt-deux ans, qui dormait, et il le sauva en mourant à sa place.

Les derniers noms de la funèbre liste sont ceux de deux poëtes, Roucher, auteur du poëme des *Mois*, et André Chénier, qui écrivit, sous l'inspiration des muses grecques, des idylles et des élégies, où l'on admire une originalité naïve, une élégance harmonieuse et un parfum exquis de l'antiquité. « Je n'ai rien fait pour la postérité, disait Chénier en pensant à ses poëmes ébauchés ; pourtant j'avais là quelque chose, » ajoutait-il en se frappant le front. « C'était la muse, a dit Chateaubriand, qui lui révélait son génie au moment de la mort. »

Les femmes payèrent aussi leur tribut à l'échafaud ; plus de neuf cents périrent à Paris. A leur tête, nommons la plus pure de toutes, Madame Élisabeth, sœur de Louis XVI, qui fut victime de son dévouement pour sa famille. Après un simulacre de jugement, elle fut envoyée au supplice sur le même tombereau que vingt-trois autres condamnés. Pendant le trajet, la marquise de Crussol témoigna hautement le respect que lui inspirait la princesse. Au pied de la guillotine, Madame Elisabeth la remercia et lui exprima le regret de ne pouvoir lui témoigner sa gratitude. « Ah ! madame, dit la marquise de Crussol, si Votre Altesse Royale daignait m'embrasser, je serais au comble de mes vœux. — Bien volontiers, lui répondit la princesse, bien volontiers, et de tout mon cœur. » Et elle embrassa toutes les femmes. On fit exécuter Madame Élisabeth la dernière, dans l'espoir que la vue de vingt-trois têtes tombant sous ses yeux la ferait manquer de courage. On se trompa : l'âme de la sainte n'était déjà plus sur la terre.

Mentionnons encore douze jeunes filles ou femmes de Verdun, guillotinées pour avoir visité le camp des Prussiens après la prise de cette ville ; seize religieuses carmélites, qui allèrent à la mort en chantant le *Salve Regina* ; les maréchales de Mouchy et de Lévis, les duchesses de Gramont, du Châtelet, de Saint-Aignan, de

Biron, la jeune et belle princesse de Monaco, et tant d'autres femmes, nobles et bourgeoises, riches et pauvres, dont le seul crime était de ne pas aimer cette sanglante tyrannie. Une seule femme montra de la faiblesse ; c'était la comtesse du Barry. La malheureuse n'avait pas su vivre ; elle ne sut pas mourir. Elle se débattit contre l'exécuteur. « Monsieur le bourreau, criait-elle, ayez pitié de moi ! Un moment encore ! un seul moment ! »

A la vue de ce sang versé, de ces *fournées* d'hommes et de femmes conduits à l'échafaud comme on mène les troupeaux à l'abattoir, on ne concevrait pas que la population fût restée impassible et n'eût tenté aucune résistance, si on ne savait pas que le sensualisme et la corruption avaient énervé, avili toutes les âmes. Chaque individu, glacé par la peur et l'égoïsme, tremblait pour soi et ne songeait qu'à vivre, comme fit l'abbé Sieyès. Après la terreur, où il avait cherché à se faire oublier, on demandait à Sieyès ce qu'il avait fait. « J'ai vécu, » répondit-il.

Chute de Robespierre (9 thermidor, 27 juillet). — Enfin arriva le terme de ce gouvernement massacreur. Quelques membres du comité de salut public, Billaud-Varennes, Collot-d'Herbois, Barrère, Cambon ; la plupart des membres du comité de sûreté générale, Amar, Vadier, Vouland, hébertistes, et les montagnards, amis de Danton, comme Tallien, Bourdon de l'Oise, Fréron, Legendre, Barras, étaient jaloux ou fatigués de la dictature des triumvirs Robespierre, Saint-Just et Couthon, et ils redoutaient leur austérité soupçonneuse et menaçante. Robespierre voyait croître leur mécontentement ; il résolut de les traiter comme il avait traité les hébertistes et les dantonistes ; mais il menaça au lieu de frapper.

Le 8 thermidor (26 juillet), il prononça dans la Convention un de ces discours laborieusement composés où, après avoir fait l'éloge emphatique de son patriotisme, de son désintéressement et de sa vertu, il s'éleva contre les intrigants, les fripons, les conspirateurs, qui cherchaient à perdre la république et les patriotes. On lui cria de nommer les coupables ; il ne voulut nommer personne. Les deux partis se séparèrent en se lançant des regards farouches.

Le lendemain, Saint-Just ouvrit la séance par un discours sur les maux de la république. « Pour les guérir, dit-il, il faut tailler dans le vif et couper les membres gangrenés. » Les ennemis de Robespierre avaient mis la nuit à profit, et avaient gagné les membres modérés de la plaine, muets de peur depuis la proscription des girondins, en leur promettant que la chute des triumvirs serait la fin de la terreur. Certains d'être soutenus, ils acceptèrent résolûment le combat, et ils prirent l'offensive. Ils accusèrent Robespierre de vouloir décimer la Convention et d'aspirer à la dictature. Tallien parut à la tribune un poignard à la main « pour percer le cœur du nouveau Cromwell, si l'assemblée n'avait pas la force de le décréter d'accusation à l'instant même. » Des applaudissements éclatèrent dans toute la salle, et la proposition fut adoptée à une immense majorité. Robespierre, pâle de colère, s'élance à la tribune et demande à parler. De tous côtés on crie « A bas le tyran ! » Le président, un des conjurés, agite sa sonnette pour l'empêcher de se faire entendre. Robespierre s'adresse aux montagnards, qui baissent les yeux ou lui font des gestes menaçants. Alors il se tourne vers les hommes de la plaine : « C'est à vous, hommes purs, que je m'adresse, et non pas aux brigands... » Des cris effroyables couvrent sa voix. « Pour la dernière fois, président d'assassins, dit-il, je te demande la parole. » La sonnette s'agite toujours au milieu des cris. Il s'épuise en efforts inutiles ; sa voix s'éteint. « Le sang de Danton t'étouffe ! » lui crie un montagnard. Vers les cinq heures, il fut arrêté avec son frère et Lebas, qui

demandèrent à partager son sort, avec Saint-Just, Couthon, Henriot, commandant de la force armée, Dumas,
président du tribunal révolutionnaire, ancien moine apostat, et quelques autres, et on les envoya dans différentes
prisons. En route ils furent délivrés par des émeutiers de
la commune, et conduits en triomphe à l'Hôtel-de-Ville.

A cette nouvelle, la Convention redouble d'énergie.
Elle met *hors la loi* les prisonniers délivrés, elle confie
le commandement de la force armée à Barras, ancien
capitaine sous Suffren, collègue de Fréron dans les
massacres de Toulon et de Marseille, et appelle les
sections de Paris au secours de la loi. Les sections modérées s'armèrent pour l'assemblée ; celles des faubourgs,
ne recevant aucun ordre, restèrent incertaines. Vers une
heure du matin, Bourdon de l'Oise, lieutenant de Barras,
arriva sur la place de l'Hôtel-de-Ville et fit occuper toutes
les issues. Robespierre et ses amis délibéraient dans une
salle, et ils se préparaient à marcher contre la Convention, lorsqu'ils se virent tout à coup cernés et perdus.
L'un d'eux, Coffinhal, vice-président du tribunal révolutionnaire, homme d'une force athlétique, tourna sa fureur contre Henriot, qui était ivre. « Misérable, lui dit-il,
c'est ta lâcheté qui nous perd. » Il le saisit et le jeta par
la fenêtre. Lebas se tua d'un coup de pistolet. Robespierre fut blessé par un gendarme qui lui fracassa la mâ-
choire ; son frère s'élança d'un troisième étage ; Couthon
se blottit sous une table. Ils furent tous arrêtés. La Convention, informée de sa victoire, décréta qu'ils seraient
envoyés à l'échafaud. Les cinq représentants furent exé-
cutés le même jour vers les cinq heures du soir, avec
Henriot, Coffinhal et une quinzaine d'autres. A la chute
de chaque tête les spectateurs battaient des mains et
poussaient des cris de joie. Le lendemain et le surlende-
main, on guillotina encore sans jugement une centaine de
membres de la commune et de jacobins plus ou moins

obscurs. Parmi eux était le cordonnier Simon, le bourreau du jeune fils de Louis XVI dans la prison du Temple.

Ainsi périt le sectaire fanatique qui voulait établir par la violence le règne de l'égalité, de la justice et de la vertu. On prétend qu'après avoir exterminé les ennemis de la république, les anarchistes et les *pourris*, comme il appelait les révolutionnaires corrompus, il voulait revenir à l'ordre et à la modération. Il succomba avant d'avoir accompli sa sanglante mission, et il porte encore la principale responsabilité des crimes commis par Hébert, Collot-d'Herbois, Billaud-Varennes et d'autres terroristes qui étaient bien plus cruels que lui.

Campagne de 1794. Batailles de Courtray, de Tourcoing et de Fleurus (mai et juin). — Reposons-nous un moment de ces luttes intestines et de ces scènes de carnage; allons aux camps, où l'honneur s'était réfugié. La campagne de 1793, commencée par des revers, s'était terminée par la délivrance du territoire. Celle de 1794 n'offre sur terre que des triomphes.

La France, attaquée sur toutes ses frontières, avait mis 7 à 800,000 hommes sous les armes. Ce fut dans le nord que se frappèrent les coups décisifs. Pichegru, nommé au commandement de l'armée de Flandre, défit à Courtray et à Tourcoing le duc d'York et le général Clerfayt, qui s'étaient vantés de l'envelopper d'après une combinaison appelée trop tôt *plan de destruction*, pendant que Jourdan, général de l'armée de Sambre-et-Meuse, gagnait sur le prince de Cobourg l'opiniâtre et brillante bataille de Fleurus, du nom d'un village déjà illustré par une victoire de Luxembourg. Jourdan poussa vigoureusement devant lui l'armée autrichienne, la battit encore sur les bords de la Roer et la rejeta au delà du Rhin. De son côté, Pichegru se porta contre le duc d'York, découvert par la retraite des Autrichiens, le chassa de poste en poste et fit la conquête de la Hollande. Loin d'interrompre ses succès, l'hiver les favorisa d'une manière merveilleuse. La cavalerie française, galopant sur la glace, alla capturer une partie de la flotte hollandaise retenue au Texel.

Paix avec la Hollande, la Prusse et l'Espagne (1795). — La Hollande prit le nom de république batave et fit avec la France une alliance offensive et défensive. La Prusse, menacée sur le Rhin, signa le traité de Bâle et nous céda ses provinces sur la rive gauche du fleuve. L'Espagne, entamée en Biscaye et en Catalogne, se détacha aussi de la coalition et fit sa paix avec la république.

La fortune nous faisait expier sur mer les faveurs qu'elle nous accordait sur terre. Le corps des officiers de la marine avait été dissous par la révolution, et nos jeunes équipages n'avaient que de la bravoure à opposer à l'expérience, à l'habileté, à la supériorité des ennemis. Aux Indes, les Anglais s'emparèrent de tous nos comptoirs; aux Antilles, ils prirent la Martinique, la Guadeloupe, la Désirade, Marie-Galante et Tabago.

Une sanglante bataille fut livrée sur mer. Une escadre française, en grande partie montée par des soldats devenus matelots, et commandée par Villaret-Joyeuse, qui de simple capitaine avait été nommé amiral, croisait à 200 lieues à l'ouest des côtes de Bretagne, pour protéger un convoi de grains qu'on attendait d'Amérique. Le 28 mai (9 prairial), se trouvant à 47º de latitude par 17º de longitude, il vit paraître l'amiral Howe, qui avait douze vaisseaux de plus que lui, et il voulut l'éviter. Un commissaire de la Convention, nommé Jean-Bon-Saint-André, ancien ministre protestant, lui ordonna de combattre. Howe, par de savantes manœuvres, gagna le dessus du vent et coupa la ligne française. Nos marins compensèrent leur inexpérience par leur bravoure et leur acharnement. Mais la partie était trop inégale ; il fallut céder. Howe, content d'avoir pris six vaisseaux, ne poursuivit pas le reste de la flotte et rentra en triomphe dans les ports de l'Angleterre. C'est dans cette malheureuse bataille, qui nous coûta 8,000 hommes, que périt le vaisseau le *Vengeur*, dont l'histoire et la poésie ont embelli la fin glorieuse. Le *Vengeur*, qui avait perdu environ 250 hommes, était démâté, faisait eau de toutes parts et appelait au secours. Des embarcations anglaises s'approchèrent et reçurent environ 260 hommes, y compris le brave capitaine Renaudin. «Les autres, dit Renaudin, au nombre de 200 hommes, disparurent bientôt dans les flots en poussant des cris lamentables. Nous en entendîmes quelques-uns former encore des vœux pour la patrie; leurs derniers cris furent ceux de Vive la République! »

Campagne de 1795. Descente de Quiberon. — La campagne de 1795 n'offrit aucun événement remarquable. L'Autriche, la Prusse et la Russie s'occupèrent à se partager les derniers lambeaux de la Pologne. On ne peut mentionner qu'une descente faite par les Anglais et les émigrés sur les côtes de Bretagne. L'amiral Bridport, chargé de protéger le débarquement, battit la flotte française près de Belle-Isle, et déposa un corps d'émigrés sur la presqu'île de Quiberon. D'Hervilly, ancien général de la garde constitutionnelle de Louis XVI, et le marquis de Puisaye, chef des insurgés de Bretagne, appelés *chouans*, se disputèrent le commandement et perdirent huit jours dans de ridicules démêlés. Le général Hoche, jeune homme de génie, qui commandait l'armée de l'Ouest, battit les insurgés et les réduisit à mettre bas les armes. D'Hervilly avait été tué, et Puisaye, se jetant dans une barque, s'était réfugié sur un vaisseau anglais. Le général de Sombreuil, frère de la jeune héroïne de la piété filiale, demanda la vie sauve pour tous, excepté pour lui. «Oui, oui,» crièrent les officiers républicains.

Il n'y eut pas d'autre capitulation. La Convention consultée refusa de la ratifier, et tous les prisonniers, au nombre de plus de 700, furent traduits devant une commission militaire et fusillés dans une prairie, non loin de la petite ville d'Auray. Charette, qui avait repris les armes en Vendée, répondit à cette exécution en faisant fusiller 2,000 républicains. Ainsi le crime engendre le crime, comme le vent engendre les tempêtes.

Réaction thermidorienne. — Cependant la France continuait à être déchirée par les factions. Les vainqueurs de thermidor s'étaient divisés. Les uns, comme Billaud-Varennes, Collot-d'Herbois, Barrère, réconciliés avec les jacobins de Robespierre, entendaient prolonger le gouvernement révolutionnaire et se proposaient de faire longtemps encore « transpirer le corps humain par raison de santé. » Les autres, comme Tallien, Bourdon de l'Oise, Barras, Fréron, Legendre, anciens amis de Danton et de Camille Desmoulins, parlaient de modération et de clémence et ne voulaient faire la guerre qu'aux royalistes ; ils prirent le nom de Thermidoriens. Les partisans de la terreur conservèrent celui de Montagnards et continuèrent à porter le bonnet rouge et la carmagnole de l'ouvrier. Ils furent d'abord assez forts pour faire déposer au Panthéon le corps de Marat, qui en fut retiré plus tard et jeté dans l'égout de Montmartre. Mais ils ne tardèrent pas à s'apercevoir qu'en décimant la commune, le comité de salut public et le club des Jacobins, ils avaient brisé le ressort du pouvoir révolutionnaire.

Les thermidoriens, soutenus par les membres de la plaine, qui avaient enfin secoué le frein de la peur, et par l'opinion publique, qui se déclarait énergiquement contre le régime exterminateur, prirent bientôt le dessus, et la France respira. Les prisons s'ouvrirent, et à Paris seulement plus de dix mille personnes recouvrèrent la liberté. La Convention épura la commune, les deux comités, les fonctions publiques, et remplaça partout les terroristes par des thermidoriens. Elle abolit la loi des suspects, la loi d'expulsion contre les prêtres et les nobles, la loi du maximum sur les denrées et les marchandises, la loi du 22 prairial sur le tribunal révolutionnaire, qui fut d'abord soumis à des formes régulières et bientôt supprimé. Elle cessa de payer quarante sous par jour aux ouvriers qui assistaient aux réunions politiques de leurs sessions, et qui retournèrent au travail. Elle rappela dans son sein les soixante-treize députés, emprisonnés à Port-Royal pour avoir signé une protestation contre la proscription de la Gironde, et les vingt-deux girondins qui, comme Lanjuinais, Louvet, Isnard, étaient parvenus, en se cachant, à se soustraire au sort de leurs amis. Dès lors une immense majorité fut assurée au parti modéré. Bientôt, cédant à la voix publique, qui criait vengeance contre les *buveurs de sang*, la Convention fit arrêter Fouquier-Tinville, Carrier, Lebon et la plupart des juges et des jurés du tribunal révolutionnaire, qui, à leur tour, furent envoyés à l'échafaud.

Clôture du club des Jacobins (novembre 1794). — Les montagnards poussaient des cris de fureur contre la réaction qui détruisait leur ouvrage et menaçait de les atteindre, et ils cherchaient à ameuter le peuple contre les aristocrates et les royalistes; c'est le nom qu'ils donnaient aux thermidoriens. Pour leur tenir tête dans les rues, Fréron enrôla douze cents jeunes gens de la bourgeoisie, qui adoptèrent un costume; ils portaient un habit carré et décolleté, un crêpe au bras, les cheveux courts par derrière ou relevés en *cadenettes*; c'était le *costume à la victime*. La recherche de leur mise les fit appeler la *Jeunesse dorée*. Armés de gros bâtons plombés, ils parcouraient les rues en chantant le *Réveil du peuple*, chant de vengeance contre les terroristes, et ils échangeaient des sarcasmes et quelquefois des coups contre les hommes en carmagnole et en bonnet rouge. « A bas les muscadins! » leur criait-on. — « A bas la queue de Robespierre! » répondaient-ils. Le club des Jacobins était la forteresse des montagnards. On résolut de le dissoudre, et la jeunesse dorée se chargea de l'exé-cution. Elle entoura la salle en chantant le *Réveil du peuple*, et cassa les vitres à coups de pierres. Les femmes des tribunes, ces furies de la guillotine, ten-tèrent de se sauver. Elles furent saisies et subirent le plus ignominieux des châtiments. Les jacobins sortirent ; une mêlée furieuse, sinon meurtrière, s'engagea et se termina par leur défaite. La police intervint et ferma la salle, qui ne se rouvrit plus. Quelque temps après, on démolit le couvent des Jacobins et sur l'emplacement on établit le marché Saint-Honoré.

Insurrection du 12 germinal (1er avril 1795). — La suppression du club des Jacobins fut suivie de l'arresta-tion des quatre principaux chefs du parti, qui étaient Billaud-Varennes, Collot-d'Herbois, Barrère et Vadier, et leur procès commença devant la Convention. Les monta-gnards résolurent de les sauver par une émeute. La cherté du pain servit de prétexte pour soulever les faubourgs. La récolte avait été mauvaise, et les cultivateurs, refu-sant les assignats, ne voulaient vendre leurs denrées que pour de l'argent. La disette commençait à se faire sentir, les jacobins l'attribuaient à la réaction, à l'indulgence qu'on montrait aux aristocrates. Il est facile de tout faire accroire à une populace qui souffre de la faim.

Le 12 germinal (1er avril), une multitude d'hommes, assemblés au son du tocsin et au bruit du tambour, pri-rent les armes dans les faubourgs et se dirigèrent vers les Tuileries, précédés de femmes et d'enfants en gue-nilles. Ils forcèrent les portes et pénétrèrent dans la salle de la Convention, en criant : « Du pain, la constitution de 1793, et la liberté des patriotes ! » C'était une constitution démocratique, rédigée par Hérault de Séchelles, mais non encore mise en pratique, qui devait établir le règne de l'égalité et de la fraternité rêvé par Robespierre. Pendant le tumulte, la jeunesse dorée et les bataillons des sections modérées arrivèrent. Les émeutiers, ne se sentant pas les plus forts, battirent prudemment en retraite sans avoir commis d'autres excès que cette violente invasion. La Convention décréta la déportation à la Guyane des quatre députés qui avaient servi de prétexte au soulèvement, et l'arrestation de dix-sept autres qui avaient appuyé les demandes séditieuses de l'émeute. Parmi eux étaient Cambon, le plus grand financier du gouvernement révolutionnaire ; Maignet, le bourreau du département de Vaucluse ; et Chasles, prêtre apostat, qui avait inauguré à Chartres le dégoûtant athéisme d'Hébert.

Insurrection du 1er prairial (20 mai). — La journée du 12 germinal avait été un coup manqué. Les jacobins ne se tinrent pas pour battus, et ils organisèrent une nouvelle insurrection mieux préparée et plus redoutable.

Le 1er prairial, trente mille hommes, armés de piques et de fusils, se dirigèrent des faubourgs vers le palais des Tuileries. Ils dispersèrent quelques bataillons modérés accourus au secours de la Convention, enfoncèrent les portes et pénétrèrent dans la salle en criant : « Du pain et la constitution de 93 ! » Ils somment le président Boissy-d'Anglas de mettre aux voix leurs propositions. Boissy-d'Anglas leur répond que l'assemblée ne délibérera pas tant qu'ils seront dans l'enceinte de la salle. On le couche en joue. Un jeune député, nommé Féraud, se précipite pour le couvrir de son corps ; on le tue d'un coup de pistolet, on lui coupe la tête, et on la présente à Boissy-d'Anglas au bout d'une pique. Le président, calme, impassible, s'incline avec respect devant cette tête sanglante. Tant de courage impose aux brigands ; ils continuent de vociférer sans lui faire aucun mal. Les députés qui pactisent avec eux s'emparent de la tribune et décrètent toutes leurs demandes. Enfin vers la nuit, la jeunesse dorée et les gardes nationaux arrivent. Ils chargent les émeutiers à la baïonnette, les expulsent de la salle et les dispersent. A peine délivrée, la Convention annula les décrets adoptés et fit arrêter vingt-sept de ses membres. Romme, auteur du calendrier républicain, et cinq autres furent condamnés à mort par une commission militaire ; ils se frappèrent du même couteau qu'ils se passèrent les uns aux autres en criant : « Vive la république! » Trois se tuèrent, les autres furent portés sanglants à la guillotine. Avec eux y montèrent les chefs de l'insurrection. Pour en finir avec la populace des faubourgs, la Convention fit désarmer le faubourg Saint-Antoine ; on enleva ces piques et ces canons qui depuis longtemps promenaient la terreur dans Paris. Ce fut la fin du règne de la multitude.

Institut, École Normale, École Centrale, etc. — Délivrée des jacobins, la Convention passa les derniers mois de son existence à réparer quelques-unes des ruines qu'ils avaient faites et à voter une nouvelle constitution. A la place des anciennes académies et des anciens corps enseignants, elle fonda l'*Institut*, divisé en cinq classes, tel qu'il existe encore aujourd'hui ; l'*École normale supérieure* de Paris, destinée à former des professeurs ; une *École centrale* dans chaque département, pour l'étude des langues anciennes; des *Écoles primaires*, pour l'enseignement élémentaire ; le *Conservatoire de Musique* ; le *Muséum d'Histoire naturelle ;* le *Bureau des longitudes,* pour perfectionner la science de l'astronomie et celle de la navigation; le *Conservatoire des arts et métiers,* pour conserver les modèles des machines et faire des cours publics et gratuits sur les arts et les sciences appliqués à l'industrie ; et l'*École polytechnique*, appelée d'abord *École des travaux publics*, et destinée à préparer des fonctionnaires pour l'artillerie, le génie civil et militaire, la marine, les mines, les ponts-et-chaussées et d'autres services publics. Enfin elle établit l'uniformité des poids et mesures et leur donna pour base le système métrique, ainsi nommé du *mètre*, unité de mesure de longueur, qui est la quarante-millionième partie du méridien terrestre.

Constitution de l'an III. — La nouvelle constitution, œuvre du parti républicain modéré, donnait la prépondérance à la classe moyenne. Pour être membres des assemblées primaires et électorales, chargées de nommer les électeurs et les représentants, il fallait jouir d'une certaine propriété ; c'était en exclure la multitude qui ne possédait rien. Le pouvoir législatif fut confié à deux chambres appelées *conseils*, celui des *Cinq-Cents*, ayant le droit de proposer et de discuter les lois, et celui des *Anciens*, destiné à les adopter ou à les rejeter, et le pouvoir exécutif à un *Directoire* de cinq membres, nommés par les Anciens sur la présentation des Cinq-Cents. Les deux tiers au moins des nouveaux représentants devaient être choisis parmi les membres de la Convention.

Insurrection royaliste du 13 vendémiaire (5 octobre). — Cette dernière mesure, qui avait pour but d'assurer les réformes de la révolution, excita les murmures de l'opinion publique. On s'écria que les conventionnels voulaient perpétuer leur despotisme. Les royalistes, qui se flattaient d'obtenir la majorité dans les élections et de faire légalement la restauration de la monarchie, se voyaient frustrés dans leurs espérances et condamnés à subir le régime créé par la révolution. Ils résolurent de briser par la force le joug de cette assemblée qui leur avait fait tant de mal.

Le 13 vendémiaire, les sections modérées de Paris, qui

avaient deux fois sauvé la Convention, prirent les armes au nombre de trente à quarante mille hommes et marchèrent contre les Tuileries. La Convention n'avait que sept mille hommes de troupes à leur opposer. Elle en confia le commandement à Barras, général du 9 thermidor. Barras prit pour lieutenant le jeune Bonaparte, républicain exalté, qui s'était distingué au siége de Toulon. Cet officier de vingt-cinq ans donna la victoire aux conventionnels. Il posta sa petite troupe autour de l'assemblée et garnit de canons les rues et les ponts qui conduisaient aux Tuileries. Les insurgés, sans artillerie et commandés par des chefs incapables, arrivèrent en deux colonnes, l'une par la rue Saint-Honoré, l'autre par le quai Malaquais et le quai Voltaire. Dès qu'ils furent à portée du canon, Bonaparte fit feu de toutes ses pièces et joncha de cadavres la rue Saint-Honoré et le pont Royal. En un moment la déroute fut générale.

Pour la première fois la Convention se montra indulgente ; elle se contenta de faire exécuter deux chefs de l'insurrection et d'exclure des fonctions publiques ceux qui venaient de signer des pétitions et des adresses *liberticides*. Elle accorda une amnistie pour tous les crimes et délits politiques, sans y comprendre les émigrés absents de France et les prêtres condamnés à la déportation.

Enfin, le 4 brumaire (26 octobre), la Convention cessa d'exister, après avoir siégé trois ans et un mois.

DIRECTOIRE

(26 octobre 1795 — 9 novembre 1799)

Conseils et Directeurs. — Le jour même où la Convention se sépara, les nouvelles chambres s'assemblèrent. Le conseil des Anciens, composé de membres qui avaient au moins quarante ans, siégea dans la grande salle des Tuileries, qui sert aujourd'hui de salle de spectacle, et le conseil des Cinq-Cents, d'abord dans la salle du manége, puis dans celle du palais Bourbon. Les Cinq-Cents dressèrent une liste de cinquante noms parmi lesquels les Anciens choisirent les cinq directeurs. C'étaient Laréveillère-Lepeaux, Rewbell, Letourneur, Barras et Carnot, tous régicides. Les deux premiers étaient des hommes de loi, les trois autres d'anciens officiers. Carnot, qui avait dirigé avec talent l'administration de la guerre dans le comité de salut public, était seul capable. Chaque année un directeur, désigné par le sort, devait être remplacé; et le tiers des deux conseils était renouvelé par l'élection.

Mesures financières. Mandats territoriaux. — La Convention avait laissé les finances dans un effroyable désordre. Le trésor était vide, les armées dans la misère, les courriers ne pouvaient partir faute d'argent. Les directeurs se mirent courageusement à l'œuvre et parvinrent à mettre un peu d'ordre à la place de la confusion et du pillage. Pour subvenir aux premières nécessités, ils se virent réduits à mettre en gage les effets les plus précieux du Garde-Meuble. Il y avait encore des biens nationaux; mais ils se vendaient mal. Pour vendre les biens de la couronne, de la noblesse émigrée et du clergé, on avait créé pour quarante milliards d'assignats, et le produit en avait été dépensé à payer les armées et à nourrir le peuple qui travaillait peu. Comme le gage avait disparu, les assignats étaient tombés dans un tel discrédit, qu'une livre de pain coûtait cinq cents francs; on ne voulait être payé qu'en argent. Le Directoire remplaça ce papier par un autre, appelé *mandats territoriaux*, qui représentaient une quantité déterminée de biens nationaux, et qui à tout instant pouvaient être échangés contre ces biens. Il remboursa les deux tiers de la dette

en les payant avec ce papier, qui tomba bientôt comme
les assignats, et qui causa une effroyable banqueroute,
évaluée à vingt-cinq milliards. L'autre tiers fut consolidé
et inscrit en rentes perpétuelles ; l'intérêt de la dette se
trouva réduit à quatre-vingt-six millions.

Immoralité du Directoire. — Au milieu de la détresse
des armées, de la ruine des créanciers de l'État et de
la pénurie du trésor, Paris cherchait à oublier dans
le fracas des plaisirs les dangers et les angoisses de la
terreur. Après le 9 thermidor, les salons, fermés pendant la tourmente politique, s'étaient rouverts sous les
auspices d'une femme distinguée par ses grâces et sa
beauté, qui était devenue madame Tallien. On vit repa-
raître les toilettes élégantes, les somptueux équipages,
les bals, les fêtes, et malheureusement aussi un luxe et
une licence de mœurs qui ne connurent plus de bornes.
Les femmes adoptèrent le costume grec, et quelques-unes
poussèrent l'imitation des statues antiques jusqu'à exciter
dans les promenades les murmures des jeunes gens. La
bourgeoisie du Directoire n'eut rien à reprocher en débauche, en impiété, à la noblesse de la Régence. Barras,
ancien grand seigneur, tenait au Luxembourg, résidence
des directeurs, une cour où il faisait revivre les orgies
du Palais-Royal.

Conspiration de Babeuf (22 floréal, 12 mai 1796). —
L'histoire du Directoire n'offre à l'intérieur que des intrigues, des conspirations et des coups d'État. Les débats des chambres n'ont laissé aucune trace. Ce faible
gouvernement, qui cherchait à assurer sans effusion de
sang les résultats de la révolution, se voyait menacé par
deux ennemis : les jacobins, qui regrettaient la terreur,
et les royalistes qui auraient voulu rétablir la monarchie.
Les jacobins tentèrent les premiers de ressaisir le pouvoir. Ils avaient pour chef Babeuf, rédacteur du *Tribun
du peuple*, qui prêchait le partage des terres et l'égalité

absolue, comme le moyen d'assurer le bonheur commun. Babeuf, qui se faisait appeler Tiberius Gracchus, tribun du peuple, forma une redoutable conspiration où entrèrent les débris des partis de Danton, d'Hébert et de Robespierre, et qui établit des ramifications dans les principales villes des départements. On se proposait de massacrer les directeurs, de dissoudre les deux conseils, de proclamer la constitution démocratique de 93 et de partager les biens des ennemis du peuple entre les défenseurs de la patrie. Les défenseurs de la patrie étaient les conspirateurs, et les ennemis du peuple étaient les riches. Heureusement la conspiration fut dénoncée par un officier qu'on avait voulu embaucher. Les chefs furent arrêtés et traduits devant la haute cour de justice, qui siégeait à Vendôme. Deux seulement, Babeuf et Darthé, agent sanguinaire de Joseph Lebon, furent condamnés à mort. En entendant leur arrêt, ils se percèrent à coups de poignard sans se tuer ; on les porta tout sanglants à l'échafaud. Le reste fut acquitté, faute de preuves.

Pendant le procès, qui dura plus d'un mois, les complices de Babeuf tentèrent de soulever le camp de Grenelle, à Paris. Ils furent reçus à coups de sabre et dispersés. Les prisonniers, jugés par des commissions militaires, furent condamnés, à mort, à la déportation ou à la détention.

Tentatives des Royalistes (1796). — Les tentatives des royalistes n'eurent pas plus de succès. Trois de leurs agents, ayant voulu soulever le camp des Sablons, près de Paris, furent arrêtés et condamnés à la détention. En Vendée, Charette et Stofflet, ayant repris les armes, furent faits prisonniers et fusillés, le premier à Nantes, le second à Angers. De là le général Hoche passa en Bretagne et dispersa les Chouans, dont les chefs se sauvèrent en Angleterre. Les royalistes devinrent plus prudents.

Coup d'État du 18 fructidor (4 septembre 1797). — Au bout d'un an, la moitié des 500 conventionnels qui siégeaient dans les deux conseils, dut se retirer. Les nouvelles élections amenèrent 250 députés hostiles à la révolution et donnèrent la majorité au parti royaliste. Le général Pichegru, gagné à la cause des Bourbons, fut élu président du conseil des Cinq-Cents, et le diplomate Barthélemy, neveu de l'auteur du *Voyage d'Anacharsis en Grèce*, autre royaliste, remplaça Letourneur, premier directeur sortant.

On adoucit les lois contre les prêtres et contre les émigrés, qui rentrèrent en foule. On marchait à une restauration. Pour la prévenir, trois directeurs, Laréveillère, Rewbell et Barras, résolurent de faire un coup d'État. Carnot refusa de s'associer à cette mesure illégale et fut traité en ennemi.

Le 18 fructidor, le général Augereau, soldat intrépide et violent jacobin, nommé commandant de Paris, fit cerner par 10,000 hommes les Tuileries et le palais Bourbon et empêcha les députés d'entrer dans leurs salles. En même temps, les minorités des deux conseils, dévouées au Directoire, étaient secrètement convoquées à l'Odéon et à l'Ecole de Médecine, et adoptaient toutes les mesures proposées par les auteurs du coup d'État. On condamna à la déportation les deux directeurs Carnot et Barthélemy, qui furent remplacés par deux légistes, Merlin de Douai, rédacteur de la loi des suspects, et François de Neufchâteau, ancien membre de l'Assemblée législative ; 53 députés, dont les siéges restèrent vacants ; et les rédacteurs de 42 journaux, qui furent supprimés. On fit revivre les décrets contre les émigrés et contre les prêtres qui furent de nouveau déportés, et l'on y ajouta un emprunt forcé progressif sur les riches et l'odieuse loi des otages, qui rendait les nobles responsables des désordres commis dans leur commune. Un autre décret les privait pour sept ans des droits dé citoyen. Ce fut une demi-terreur, où la déportation remplaça l'échafaud.

Quelques proscrits, comme Carnot, Mathieu Dumas, les journalistes Fontanes, Michaud, Suard, parvinrent à sortir de France ou à se cacher dans les départements. Quant aux déportés de Cayenne, un petit nombre, comme Pichegru et Barthélemy, s'échappèrent; la plupart périrent misérablement sous ce climat pestilentiel. Parmi les victimes, il y avait plus de 300 prêtres. Plus de mille autres moururent dans les prisons des îles de Ré et d'Oléron.

Campagne de 1796. Moreau et Bonaparte. — Détournons les yeux de ces scènes affligeantes, pour les porter sur les camps, qui continuaient à être le refuge de l'honneur français. La campagne de 1796 est l'une des plus belles et des plus extraordinaires dont l'histoire ait conservé le souvenir. L'Autriche était notre seule ennemie redoutable sur le continent; ce fut sur elle que le Directoire résolut de faire tomber tout le poids de la guerre. Carnot, habile dans la partie théorique de l'art militaire, avait conçu un plan pour conduire les armées françaises au cœur même des États héréditaires de l'Empereur. On forma trois armées, celle de Sambre-et-Meuse, commandée par Jourdan, celle du Rhin-et-Moselle, commandée par Moreau, et celle d'Italie, sous les ordres du jeune Bonaparte, qui avait obtenu ce commandement pour prix de sa victoire de vendémiaire. Ces trois armées devaient attaquer l'Autriche et l'Italie, se joindre au débouché du Tyrol, dans la vallée du Danube, et marcher ensemble sur Vienne. Les savantes manœuvres de l'archiduc Charles, jeune général plein de génie et d'audace, firent échouer le plan d'invasion du côté de l'Allemagne. Il concentra toutes ses troupes sur le Danube et résolut d'attaquer séparément Jourdan et Moreau avec des forces supérieures. Il se porta d'abord au-devant de Jourdan qui, remontant la vallée du Mein, s'était avancé jusqu'à Neumark, entre Nurenberg et Ratisbonne. Il repoussa son avant-garde commandée par Bernadotte, et le contraignit à la retraite. Arrivé à Wurtzbourg, Jourdan voulut s'arrêter pour livrer bataille ; il fut vaincu et il repassa le Rhin en désordre. C'est pendant cette retraite que périt à Altenkirchen, au nord de Coblentz, le jeune et habile général Marceau. « Que je suis heureux, dit-il en expirant, de mourir pour ma patrie ! » (19 septembre.) Hoche, nommé successeur de Jourdan, suivit de près Marceau dans la tombe, laissant une des plus belles renommées militaires de la révolution.

Moreau, vainqueur à Rastadt en Souabe, et à Neresheim, au nord-ouest de Donauwert, avait franchi le Lech et menaçait Munich, lorsque la défaite de son collègue, laissant sa gauche à découvert, l'obligea de revenir sur ses pas. En quarante jours, il parcourut cent lieues à travers un pays montagneux, couvert de forêts, coupé de rivières, au milieu d'une population irritée et en armes, devant un ennemi supérieur en nombre, gagna la bataille de Biberach, au sud d'Ulm, et arriva au Rhin en deux colonnes par Kehl et par Huningue (26 octobre). L'Autriche fut sauvée de ce côté. C'est en Italie que son sort devait se décider.

Exploits de Bonaparte en Italie (1796-1797). — Le général Bonaparte, à peine âgé de vingt-sept ans, exécuta seul avec une armée de 30,000 hommes, plus tard renforcée de 20,000, le fameux plan du Directoire. Ses opérations furent une suite de prodiges de génie et de bravoure. Pour son coup d'essai, il bat à Montenote, au nord de Savone, les armées autrichienne et sarde réunies et doubles de la sienne, les sépare à Millésimo et à Dégo, écrase les Sardes à Mondovi, et les réduit à demander la paix et à nous céder Nice et la Savoie (23 avril).

De là il se tourne contre le général autrichien Beaulieu, et détruit son armée dans les sanglantes batailles de Lodi, sur l'Adda, et de Borghetto, sur le Mincio, qui nous valurent la possession de la Lombardie. Les ducs de Parme et de Modène, le pape et le roi de Naples sollicitèrent la paix et l'achetèrent par des concessions de territoire, d'argent et d'objets d'art.

Une seconde armée autrichienne, commandée par le vieux général Wurmser, descend la vallée de l'Adige. Elle est écrasée à Lonato et à Castiglione, au sud du lac de Garda, et rejetée dans le Tyrol (août). Elle reçoit des renforts et reparaît, toujours plus nombreuse que l'armée française. Elle essuie deux nouvelles défaites à Roveredo, sur l'Adige, et à Bassano, sur la Brenta. Wurmser, réduit à 5 ou 6,000 hommes, parvient à se jeter dans la forte place de Mantoue, dont les Français faisaient le siége (septembre).

Deux mois après, une troisième armée, sous les ordres du général Alvinzy, vient au secours de l'Italie, et remporte d'abord un avantage à Caldiero, entre Vérone et Vicence. Elle est anéantie dans les sanglantes journées d'Arcole et de Rivoli, sur l'Adige, qui amènent la prise de Mantoue et l'occupation de toute l'Italie septentrionale (janvier 1797).

L'Autriche, tant de fois vaincue, mais non découragée, fait un nouvel effort pour recouvrer l'Italie. L'archiduc Charles, le meilleur de ses généraux, descend des Alpes avec une quatrième armée. Bonaparte court à lui, le culbute au passage du Tagliamento, le poursuit à travers la Carinthie et la Styrie, et arrive sur le mont Sœmmering, à vingt-cinq lieues de Vienne. L'Autriche effrayée demande enfin à traiter. Les préliminaires furent arrêtés au quartier général du vainqueur, à Leoben sur la Muhr, et la paix fut signée à Campo-Formio, village du Frioul, au sud-ouest d'Udine (17 octobre). L'Autriche céda la

Belgique à la France et renonça à la Lombardie, qui fut érigée en république sous le nom de république Cisalpine, et augmentée des duchés de Parme et de Modène et des provinces de Ferrare, de Bologne et de Ravenne. La vieille république de Venise, perfide envers la France, dont elle avait fait égorger, dans les hôpitaux, les soldats malades, fut démembrée et paya les frais de la guerre. La France prit les sept îles Ioniennes et laissa à l'Autriche les provinces du Frioul, de l'Istrie et de la Dalmatie. En donnant un peuple indépendant à un autre, le Directoire se rendit coupable d'un véritable attentat, et en introduisant les Autrichiens en Italie, il commit une grande faute politique.

Expédition d'Egypte (1798). — Après la paix de Campo-Formio, l'Angleterre restait notre seule ennemie. On résolut de l'attaquer chez elle, et le vainqueur d'Italie fut nommé général de *l'armée d'Angleterre*. Bonaparte désapprouvait le projet d'une descente, dont il prévoyait les difficultés. Le grand Leibnitz avait jadis conseillé à Louis XIV d'attaquer les Hollandais en Orient, où ils possédaient de riches colonies, au lieu d'envahir leur pays. Dans un mémoire, admirable de raison et d'éloquence, il lui montrait en Égypte la véritable route de l'Inde. « Vous enlèverez le commerce à la Hollande, lui disait-il, et vous assurerez à jamais la domination de la France dans le Levant. » Les vastes pensées du philosophe allemand occupaient le jeune Bonaparte. C'est par l'Égypte qu'il méditait la ruine de la puissance anglaise dans l'Inde. De là on pouvait dominer la Méditerranée et en faire, selon son expression, *un lac français*. L'Egypte devait devenir l'entrepôt du commerce de l'Inde, qui abandonnerait la route du cap de Bonne-Espérance, et nous dédommager de la perte de nos colonies d'Amérique. L'Egypte, il est vrai, appartenait à la Turquie, notre vieille alliée ; mais on s'en inquiétait peu. On résolut même de s'emparer de Malte, quoique les chevaliers fussent en paix avec la république.

L'expédition, préparée avec un profond secret, partit de Toulon le 19 mai 1798 ; elle se composait de quatorze vaisseaux de ligne et de 400 navires portant 10,000 soldats de marine et une armée de 36,000 hommes. On prit en passant Malte, que le grand-maître de l'Ordre livra après un simulacre de résistance. De là on cingla vers l'Égypte.

Cette contrée était gouvernée ou plutôt opprimée par une milice qui se recrutait d'esclaves, appelés Mamelucks et achetés en Géorgie et en Circassie, et qui était sous la suzeraineté nominale de la Porte. L'armée débarqua près d'Alexandrie, repoussa les Mamelucks, et occupa la ville (1er juillet). Puis elle se mit en route vers le Caire. Après une marche pénible à travers le désert, on arriva en vue des Pyramides. L'armée entière, saisie d'étonnement et d'admiration, présenta les armes. « Soldats, dit Bonaparte, songez que du haut de ces pyramides quarante siècles vous contemplent. » Le lendemain, il gagna au pied de ces gigantesques monuments sur la cavalerie des Mamelucks une brillante victoire, qui lui valut la possession du Caire et celle de toute la Basse-Égypte (21 juillet).

La joie de cette conquête fut cruellement troublée par le désastre de la flotte. Bonaparte avait recommandé à l'amiral Brueys de quitter la rade peu sûre d'Aboukir et de se retirer à Malte ou à Corfou, qui nous appartenaient. Brueys ne se pressa pas d'obéir et se laissa surprendre par les Anglais. Le commodore Nelson, par une manœuvre audacieuse, fit glisser cinq vaisseaux entre le rivage et la ligne française, qui se trouva prise entre deux feux. Après une lutte acharnée de quinze heures, toute la flotte française fut capturée ou coulée à fond, sauf deux vaisseaux et deux frégates qui se réfugièrent à Malte (1er août).

Privée de la flotte, notre armée voyait toutes ses communications coupées avec la France. Bonaparte écrivit à un de ses lieutenants : « Ceci nous obligera à faire de plus grandes choses que nous n'en voulions faire ; il faut nous tenir prêts. » Pendant que le général Desaix achevait la conquête de la Haute-Égypte, Bonaparte s'avança en Syrie, afin de prévenir une attaque de la Porte, qui nous avait déclaré la guerre. Il prit Gaza, battit une grande armée turque sur le mont Thabor (16 avril 1799) et mit le siége devant Saint-Jean-d'Acre. Faute de grosse artillerie, il échoua devant cette petite place, défendue par l'amiral anglais Sidney Smith, et il se vit obligé de rentrer en Égypte avec des troupes épuisées de fatigue et décimées par la peste. Une nouvelle victoire vint adoucir l'amertume de ce revers. Une armée de 20,000 Turcs, débarquée dans la rade d'Aboukir, fut battue et jetée à la mer (24 juillet).

Nouvelle coalition. — Cependant l'Angleterre avait mis habilement à profit sa victoire d'Aboukir pour relever le courage abattu des ennemis de la France et pour les déterminer à former une nouvelle coalition. On y vit entrer tous les petits princes d'Italie et d'Allemagne, l'Autriche, qui ne considérait le traité de Campo-Formio que comme une suspension d'armes signée pour éviter sa ruine, la Turquie, justement irritée de l'invasion de l'Égypte, et la Russie, qui n'avait donné que des promesses à la première coalition et qui cette fois devait jouer le premier rôle. Pour tenir tête à tant d'ennemis, le Directoire fit décréter la fameuse loi de la conscription, qui soumettait au service militaire tous les jeunes gens de 20 à 25 ans.

Un crime inouï fut le signal des hostilités. Un congrès avait été assemblé à Rastadt pour régler le sort des princes allemands dont les terres, situées sur la rive gauche du Rhin, avaient été réunies à la France. Nos plénipotentiaires y furent assassinés par des hussards autrichiens.

Campagne de 1799. Revers en Italie. Victoires de Zurich et de Castricum. — Le Directoire ouvrit la campagne par l'invasion de la Suisse et par l'occupation des États de l'Église et du royaume de Naples, qui furent érigés en républiques. Le pape Pie VI, enlevé de Rome, fut conduit en France et mourut à Valence, à l'âge de 81 ans. Là se bornèrent nos succès. En Allemagne, Jourdan, battu à Stockach, près du lac de Constance, dut se replier sur le Rhin. En Italie, le général Kray défit Schérer à Magnano, près de Vérone; et Souvarov, arrivé avec une armée russe, gagna successivement la bataille de Cassano sur Moreau, qui avait pris le commandement de l'armée désorganisée par l'incapable Schérer, et qui la sauva par une habile retraite sans pouvoir ramener la victoire; celle de la Trebbia sur Macdonald, accouru de Naples pour l'arrêter, et celle de Novi sur Joubert, qui fut tué; et il nous chassa de toute l'Italie. Il voulait envahir la Provence. Le gouvernement autrichien lui ordonna de franchir les Alpes et d'entrer en Suisse, afin d'accabler la meilleure armée française, qui était vivement pressée par une armée austro-russe.

Avant son arrivée, Masséna gagna la savante bataille de Zurich sur les généraux Korsakov et Hotze, qui perdirent 30,000 hommes (25 septembre). Souvarov ne parut que pour être témoin de ce revers et pour le partager, et il se vit forcé d'opérer une retraite qui devint une fuite désastreuse. Ce grand succès fut couronné en Hollande par les victoires de Bergen et de Castricum, que Brune remporta sur une armée d'Anglais et de Russes. Le duc d'York, qui les commandait, se laissa enfermer dans le marais desséché du Zyp, et s'engagea à se rembarquer avec toutes ses troupes et à rendre sans échange huit à dix mille prisonniers détenus en Angleterre (18 octobre).

Anarchie intérieure (1798-1799). — La France était sauvée de l'invasion étrangère; mais l'intérieur continuait à être en proie à l'anarchie sous un gouvernement faible et tyrannique. Le Directoire ne vivait qu'en violant la constitution qui l'avait créé. Après le coup d'État du 18 fructidor 1797, qui avait abattu le parti royaliste, les jacobins se relevèrent et obtinrent la majorité dans les élections de l'année suivante. Le Directoire résolut de les frapper à leur tour, et le 22 floréal 1798, il annula la plupart de ces élections démocratiques.

Les victimes du Directoire unirent leurs ressentiments et prirent leur revanche. Les élections de 1799 furent encore contraires au gouvernement; et le 30 prairial, les deux conseils forcèrent trois directeurs, Laréveillère, Merlin de Douai et l'avocat Treilhard, successeur de François de Neufchâteau, à donner leur démission, et ils les remplacèrent par Moulins, général inconnu, et par Gohier et Roger Ducos, médiocres jurisconsultes. Les deux autres directeurs étaient Barras et Sieyès, qui avait succédé à Rewbell. Tous ces coups d'État achevaient de déconsidérer le gouvernement et montraient l'impuissance de la constitution à sauver la France de l'anarchie et de la tyrannie.

Coup d'État du 18 brumaire (9 novembre 1799). — Des hommes modérés, qu'on appelait les *politiques*, formèrent une conspiration pour débarrasser la France d'un gouvernement avili par sa faiblesse, ses violences, son incurie, son immoralité, et lui donner une constitution qui lui procurât l'ordre et la paix et lui assurât les réformes politiques et sociales de la révolution. A leur tête était le directeur Sieyès, ennemi du Directoire, homme doué d'une rare sagacité, et habile à conduire et à dénouer une intrigue politique. « Il faut, pour sauver la France, disait-il, une tête et une épée : il se flattait d'avoir la tête ; il fit proposer au général Bonaparte de prêter son épée.

Il s'aperçut trop tard que Bonaparte avait l'épée et la tête.

Bonaparte, informé de l'état des affaires par son frère Lucien, remit le commandement de l'armée d'Égypte à Kléber, le meilleur de ses lieutenants ; puis, bravant les croisières anglaises, il traversa la Méditerranée sur une frégate, débarqua à Fréjus et accourut à Paris. Les préparatifs du nouveau coup d'État furent bientôt terminés.

Le 18 brumaire, le conseil des Anciens, dévoué aux conspirateurs, confia à Bonaparte le commandement des troupes de Paris ; et, en vertu du pouvoir que lui donnait la constitution, il décréta la translation des deux chambres au palais de Saint-Cloud, sous prétexte de « sauver la représentation nationale d'une conspiration terroriste ourdie dans l'ombre. » C'étaient les auteurs du décret qui étaient les conspirateurs. En même temps, trois directeurs, Sieyès, Roger Ducos et Barras, donnèrent leur démission, et le Directoire se trouva dissous.

Le lendemain, les deux conseils s'assemblèrent à Saint-Cloud. Les Anciens accueillirent avec enthousiasme le général Bonaparte, qui vint les haranguer. Le conseil des Cinq-Cents, dont la majorité voulait le maintien de la constitution, se montra moins docile ; on ne permit même pas au général de prononcer une parole, « A bas le tyran ! hors la loi le nouveau Cromwell ! » s'écria-t-on avec fureur.

On se précipite sur lui, on le saisit, on le menace. Des grenadiers arrivent à son secours et l'emportent hors de la salle, pâle et frémissant. Son frère Lucien, président de l'assemblée, est sommé de mettre aux voix la mise *hors la loi.* « Moi, dit-il, j'aime mieux renoncer à mes fonctions. » Il sort, il harangue les soldats, il leur dit que la salle est pleine d'assassins qui oppriment la majorité. « Ils vous ont mis hors la loi, dit Sieyès au général, mettez-les hors de la salle. » Bonaparte ordonne à un bataillon de grenadiers de la faire évacuer. Les grenadiers entrent au pas de charge, la baïonnette en avant, poursuivent de banc en banc les députés, dont le tambour étouffe les cris et les protestations, et les font sauter par les fenêtres. '

La nuit suivante, le conseil des Anciens, resté en séance, et la minorité des Cinq-Cents, de nouveau réunie à la hâte, prononcent l'abolition du Directoire, confient le pouvoir exécutif à trois consuls, Bonaparte, Sieyès et Roger Ducos, et chargent deux commissions de vingt-cinq membres chacune de préparer une nouvelle constitution.

Constitution consulaire (1799). — La nouvelle constitution, élaborée par Sieyès et modifiée par Bonaparte, fit payer cher au peuple français les excès de la démagogie. On l'exclut des élections et de toute intervention dans les affaires publiques, et on ne lui laissa que le droit illusoire de former des listes de notabilités, où le pouvoir exécutif devait prendre les fonctionnaires et les membres des différents corps politiques.

Le pouvoir exécutif fut confié à trois consuls, et le pouvoir législatif à trois chambres : un Sénat conservateur de 80 membres, chargé de veiller au maintien de la constitution, un Tribunat de 100 membres, qui avait le droit de discuter les lois, et un Corps législatif de 300, qui devait les approuver ou les rejeter en silence.

Le général Bonaparte fut nommé premier consul par une partie des membres des Cinq-Cents et s'arrogea le droit de nommer à toutes les fonctions civiles et militaires, de signer les traités avec l'étranger, et de proposer les lois que préparerait un conseil d'État dont il nommerait les membres. Il prit pour collègues Cambacérès, ancien conventionnel, jurisconsulte éminent, et Lebrun, brillant écrivain, ancien secrétaire du chancelier Maupeou, très-versé dans les matières de finances, qui ne devaient être que des conseillers, destinés à déguiser un peu sa toute-puissance. Les deux nouveaux consuls et les deux anciens choisirent les sénateurs, qui, sous la direction des consuls, désignèrent les tribuns et les membres du Corps législatif. Les membres de ces prétendues assemblées législatives ne furent que des fonctionnaires dévoués au pouvoir qui les nommait et les salariait.

Au lieu de concilier la liberté avec l'ordre, on ne rétablit l'ordre qu'en étouffant la liberté ; et la révolution, qui avait été faite contre le pouvoir absolu de la royauté, se termina par le despotisme militaire le plus dur que la France ait jamais subi.

Conclusion. — Nous avons flétri, dans la révolution, ce qui méritait de l'être : nous avons condamné tout homme qui nous a paru coupable, blâmé, au nom de la loi morale, les excès en tout genre. Est-ce à dire que, dans notre opinion, la révolution n'ait été qu'une émeute sanglante, couronnée de succès pendant quelque temps, et destinée à détruire un ordre de choses que s'efforcèrent de rétablir le Consulat, l'Empire et la Restauration ? Si le lecteur emportait de notre récit cette conviction, il se tromperait grandement sur nos appréciations.

Un événement qui transforme tout un pays, qui modifie par la guerre et la conquête l'état de tout un continent, qui crée à un peuple une influence prépondérante, et qui, après deux tiers de siècle, agite encore les esprits par une terreur exagérée ou par un fanatisme étroit et irréfléchi, n'est pas une émeute ; c'est une révolution.

Il y a dans cette révolution, comme dans tout grand événement historique, deux parts à faire : celle des hommes, de leurs passions, de leurs intérêts, de leurs idées à la fois incomplètes et absolues, et celle de la Providence et de sa loi, qui est le progrès.

L'ancien régime, avec ses nombreux abus, sa corruption, ses inégalités excessives, son oppression, son arbitraire, devait tomber. Le temps était venu où allait
s'ouvrir une source de vie nouvelle. La révolution était
dans le plan de la Providence, qui mène l'histoire; elle
se fit.

Les hommes se mirent à la traverse de son majestueux
développement. Ils l'entravèrent de leurs vanités et de
leurs passions personnelles, de leurs espérances égoïstes,
de leurs folles frayeurs, de leurs appétits de vengeance :
de là le mal, dont les funestes effets durent encore. Hé-
las! c'était par des calamités nationales qu'une corruption nationale devait se guérir. Mais le bien eut aussi sa
part : à travers tous ces torrents de boue et de sang,
malgré les passions des hommes, quelque chose de grand
s'accomplit.

La révolution a donné à la France une unité nationale
qui ne périra plus. Elle a pétri dans sa main toutes ces
populations qui vivaient d'une vie diverse, tous ces droits
locaux qui niaient ou démembraient le droit. Elle a donné
comme garantie à ce tout la fusion des castes en un seul
peuple, une nouvelle et large distribution de la propriété,
une législation uniforme, une tendance commune. Elle a
valu au monde une notion plus complète du droit, l'abolition presque universelle du système féodal, un sentiment profond d'égalité civile. Elle a, en parcourant
triomphalement l'Europe, son code à la main, préparé
le rapprochement dont sortiront un jour l'affranchisse-
ment des opprimés et l'alliance des peuples. Et là même
où, faussant sa première pensée, elle a dominé, tyran-
nisé, au lieu d'affranchir, elle a, par suite d'une réaction
naturelle, fécondé ce germe de nationalité qui renferme
en soi l'organisation rationnelle de l'Europe, et qui sera
dans l'avenir une puissante garantie de la paix.

Quant à ses fautes, à ses crimes, ils ont déposé dans

les cœurs un enseignement qui, on doit l'espérer, ne sera pas perdu. Il y aura sans doute encore de grandes révolutions dans le monde, mais elles ne seront plus souillées des excès que l'historien a le triste devoir de raconter et de flétrir.

TABLE DES MATIÈRES

RÉVOLUTION

ASSEMBLÉE LÉGISLATIVE

CONVENTION

DIRECTOIRE

Paris. — Imp. Viéville et Capiomont, rue des Poitevins, 6.